● 미국 교육현장의 일선에서 전하는 살아있는 유학정보 ●

미국에서 현직

# 부부교수가 전하는 미국유학 이야기

이길식 · 김정순 지음

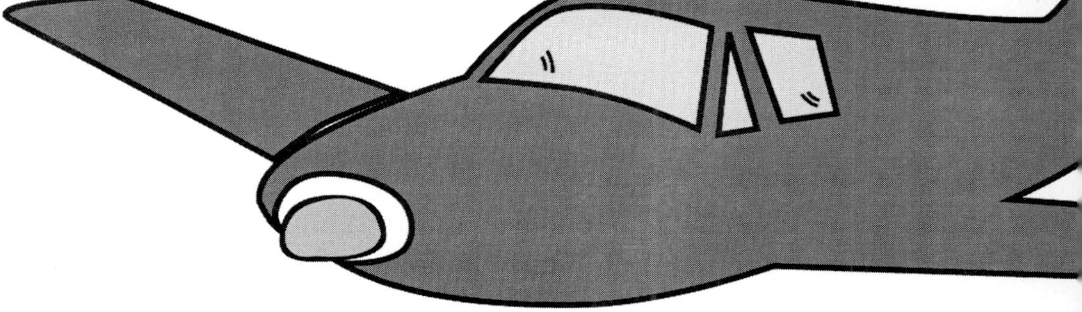

문운당

FOREWORD....

# 추 천 사

자녀들이 남에게 필요한 사람이 되기를 바라는 부모의 마음은 예나 지금이나 마찬가지이다. 그러나 변한 것이 있다면 그 "남"의 범위가 이웃, 사회, 국가를 벗어나 세계로 확대된 것이다. 경제, 노동, 문화, 환경 등 모든 분야에서 세계화의 파도는 거세기만 하다. 교육 부문 또한 예외일 수는 없다. 거센 변화의 바람을 피할 바람막이는 없으므로 미리 대비 하고 능력을 갖춘 사람만이 두려움 없이 미래를 받아들일 수 있다.

교육은 개인의 인생과 행복에 관한 문제일 뿐 아니라, 국가의 자산이자 국가 경쟁력이며 국가의 미래가 달려 있는 우수한 인재의 육성에 너무나도 중요한 일이다. 이러한 시대적 변화 속에 "영어는 필수"라는 공식에 의해 너도 나도 어학연수니 조기유학이니 하여 매년 많은 학생들이 영어권 국가로 빠져나가고 있다. 이처럼 유학 붐이 일자 유학 관련 정보 또한 넘쳐나고 있다. 인생의 중요한 시기에 어떤 사람을 만나느냐에 따라 그 사람의 미래가 달라지듯이, 유학을 계획하고 있다면 어떤 정보를 접하고 준비하느냐에 따라 그 결과가 달라질 것이다.

이 책의 저자인 이길식, 김정순 교수 부부는 미국 대학에서 20년 동안 학생들을 가르치며 한국 유학생들의 진로를 상담해온 지식인이자, 미국에서 세 자녀를 바르게 키워낸 부모이다. 이들이 미국 주류 사회에 진출하여 오랫동안 쌓아온 직업적·교육적 경험으로 빚어낸 이 책은 미국 사회를 잘 알지 못한 채 단편적 경험과 지식으로 미국을 판단하거나 오로지 미국 학교 입학을 위한 자료를 나열한 책과는 그 깊이가 다르다. 따라서 미국 유학을 준비하는 사람들에게 설득력 있고 신뢰할 수 있는 좋은 길잡이이자, 미국 학교와 사회에 대한 살아 있는 지식뿐 아니라 어떻게 정신적으로 무장해야 세계적인 인재로 성장할 수 있는지에 대한 밑그림을 보여 주고 있다.

영어 좀 잘한다고 글로벌 시대의 인재가 되는 것은 아니다. 시대가 필요로 하는 인재가 되기 위해 꼭 외국 학교에 진학해야 하는 것도 아니다. 진정한 세계인으로 자격을 갖추기 위해서는 능력과 의식수준이 세계화가 되어야 한다. 학교의 신속한 대응과 함께 학부모들의 지원과 의식의 변화가 있어야 미래의 인재를 키워낼 수 있는 것이다. 자신의 앞날과 국가의 운명을 위해 세계를 가슴에 품고 도전하는 학생의 미래는 찬란하게 빛날 것이다. 자녀가 시대와 세계가 필요로 하는 인재가 될 수 있도록 부모들의 지속적 관심과 생각의 변화를 당부하고 싶다. 이 책에서 저자는 부모와 자녀 모두가 바라는 성공적인 교육은 학생 자신의 굳건한 의지와 확고한 동기가 우선시되고 여기에 부모의 능력에 맞는 도움이 있어야 한다고 하였다. 이러한 조건은 한국, 미국 등 어디에서 공부를 하든지 가장 기본이 되어야 할 것이다.

서울대학교 전기전자공학부
이종덕 교수

# PREFACE.....

## 머 리 말

많은 학부형들이 신문에 난 단편적인 유학 칼럼이나 다른 사람들에게 들은 유학 이야기로 자녀들의 유학을 계획하고 있는 경우가 많다. 보통의 칼럼들은 최고 명문 대학을 대상으로 하기 때문에 그 외 많은 대학의 입시에는 적용되지 않는다. 필자가 유학에 대해서 직접 상담을 해보면, 본인의 목표와 상황에 맞는 유학에 대한 정보를 상세히 알지 못하고 성급하게 결정하였거나 그 상태로 실제 유학을 감행하는 경우가 많았다. 유학은 개인적으로는 큰 결단과 많은 시간 및 경비가 필요하며 사회적으로도 파장이 큰 일이기에 너무나 중요하다. 또한 관심이 있는 사람들이 매우 많기에 필자가 경험하고 보고 들은 바를 같이 나누고 싶은 마음에서 이 책을 쓰게 되었다.

필자 부부는 1981년에 미국에 유학을 와서 박사학위를 받고 지금까지 주립대학에서 교수로 재직하고 있다. 지금은 근무하는 학과의 대학원 입학을 담당하며 장학금 위원회에서 일하고 있다. 아이들은 3명 있는데, 큰 아이는 스탠퍼드 대학을 졸업하고 스탠퍼드 의과대학에 다니고 있으며, 둘째는 라이스 대학에 다니고 막내는 고등학교에 다니고 있어 미국에서 아이들을 키우며 경험한 것들을 전하고자 한다.

지난해 필자가 재직하고 있는 대학에 노벨 수상자와 같이 식사를 하는 자리에서 노벨 수상자가 "많은 나라들이 공히 갖고 있는 것이 사람, 물, 나무, 모래들인데, 특히 일본, 한국, 대만은 자원이 많지 않음에도 부유하게 된 이유가 교육 때문이 아닌가"하고 이야기한 것이 기억에 남는다. 사실 한국에서는 자녀들의 교육 문제로 늘 시끄러운데, 한편으로는 바로 이것이 한국을 발전하게 한 원동력이 아닌가 생각한다. 글로벌 시대가 되어 국가간의 개념이 많이 달라졌고, 인터넷의 발전으로 영어가 더욱 힘을 얻게 되어 세계 어느 곳에서나 영어의 중요성과 필요성이 증가하여 미국 유학에 대한 관심이 높아지고 있으며 실제 많은 학생들이 미국으로 몰려들고 있다. 또한 개인적으로도 미국이 외국인이 살기에 가장 좋은 나라 중 하나라고 경험하였기에 확고한 의지와 목표가 있다면 미국 유학을 권하고 싶다.

한국의 교육 문제는 교육부 장관이 바뀔 때마다 새로운 대안을 내놓지만 그 확실한 방안은 없는 것 같다. 이에 자녀들이 정신적·신체적 성장기에 학업에 지치고 원하는 소기의 성과를 이루지 못하는 안타까운 마음에 좀더 효율적인 곳에서 학업을 시키고 싶어하는 것이 많은 부모들의 바람일 것이다. 그래서 상당수의 학부형들은 어떻게 하면 자녀들을 미국에서 교육을 시킬 수 있을까 궁리를 하면서 경제력이 있는 사람들은 조기유학을 보내고, 그렇지 못한 학부형들은 불평만 하고 있는 게 현실이다. 항상 문제 해결에는 한 방법만 있는 게 아니다. 필자는 경제력이 있는 사람이나 그렇지 않은 사람이나 모두에게 도움이 되는 긍정적인 해답을 이 책을 통하여 보여주고 싶다.

공부를 잘하고 못하는 것은 마음가짐, 즉 정신상태에 달려 있기에 먼저 어떤 정신 교육이 자녀들을 잘 양육시킬 수 있는지, 특히 어느 시기에 유학을 오는 것이 제일 좋은 때인지를 여러 가지를 고려하여 전공 분야에 따라 설명하였다. 그리고 조기유학, 대학, 대학원 및 전문 대학원 입학시에 중요한 것들을 열거하였으며, 처음 미국에 와서 잘 정착하기 위한 조언도 몇 가지 담아 보았다.

지난 몇 년간 여러 차례 미국과 한국에서 대학 입학 가이드 및 유학 세미나를 열었는데, 2005년도 재미 과학기술자협회 북텍사스 지부에서 대학 진학에 대하여 발표한 세미나 슬라이드를 부록으로 첨부하였으니 참고하기 바란다.

2007년 달라스에서

이길식, 김정순

CONTENTS....

# 차 례


## 01. 글로벌 리더, 부모의 역할이 반이다 • *1*

자녀들을 어떻게 교육시켜야 할까 3
스스로 할 수 있도록 동기를 부여하라 12
어릴 때부터 스스로 책임지게 하라 16
포기하지 않는 승부근성, 적극적인 사고를 심어줘라 20
남보다 1시간 더, 구체적인 실천사항을 제시하라 23
이상적 역할 모델을 보여주어라 25

## 02. 왜 유학을 떠나려 하는가 • *27*

이젠 한국 기업도 글로벌 인재를 원한다 27
미국 유학 결정하기 29
한국 교육이 어떠하길래 32
미국 학교는 어떠한가 39
세상은 어떤 인재를 필요로 하는가 43

## 03. 미국 학교의 교육 • 46

미국 학교의 시스템 46
공립학교, 사립학교 48
영재교육 52
장학금 수혜 55
꼭 명문 대학에 가야 하나 60

## 04. 유학은 언제 가는 것이 가장 좋을까 • 62

전공에 따른 유학시기 62
이공계 학과 66
인문 사회계 학과 67
일찍 유학 가는 것이 꼭 좋은가 69
비 자 73

## 05. 조 기 유 학 • 75

초·중등학교 입학 76
조기유학시 어떤 학교로 가야 할까 79
아이를 어떤 가정에 맡길 것인가 83
조기유학, 한번의 실패는 상당한 실패 86

## 06. 학부 입학 • 89

ESL 입학 89

2년제 대학 입학 91
2년제 대학에서 4년제 대학으로 편입 93
학부 유학 94
학부 편입 112
아이비리그 스쿨 113
명문 사립대학 117
명문 주립대학 119
전공 선택 122
대학 전과 및 전학 125
대학 조기 졸업 126
미국의 대졸 초임 127
학점 관리 130
Part-Time Job (아르바이트) 131

07. **대학원 입학 • *133***

괜찮은 주립대학에서 최고의 대학원으로 134

08. **전문 대학원 입학 • *141***

의과대학 141
어떻게 의사가 될까 142
치과대학 146
약학대학 147
법과대학 147
MBA 148

## 09. 미국에 정착하기 • *150*


집 구하기 151

자동차 구입 153

자동차보험 155

의료보험 158

현지 교민에게 도움 청하기 159

봉사 활동 160

Part-Time Job 163


## 부 록 • *165*


수학은 어렵기만한 과목인가 165

부모의 과잉보호 168

University of Texas at Dallas 전기공학과 대학원 유치 안내문 172

대학 진학에 대한 세미나 슬라이드 175

# 01.

## 글로벌리더, 부모의 역할이 반이다

2006년도에 한국의 많은 일간지들이 다루었던 기사 중에 하나가 여섯 자녀를 모두 하버드와 예일대학에 보낸 예일대학 법대 학장 고홍주 박사의 어머니인 전혜성 여사와의 인터뷰일 것이다.

"자신의 아이만 잘되기를 바란다고 아이가 잘되는 것은 아니다. 부모가 봉사 활동도 하면서 나보다 사회를 위하고 남의 아이를 위해 일할 때 내 아이를 최고로 만들 수 있다."(조선일보 2006년 4월 25일자)

사실 자녀 한두 명도 잘 키우기가 힘든데 여섯 명의 자녀를 키우면서 사회 봉사 활동을 하는 것은 쉽지 않은 일이다. 그러나 부모가 솔선수범하여 모범을 보이기 때문에 자녀들이 보고 배우는 것은 당연한 것이다. 여기서 필자의 경험담을 하나 소개하도록 하겠다.

필자가 제일 관심을 두고 있는 봉사 활동은 보다 나은 사회를 만들기 위하여 수입이 낮은 빈곤층지역에서 수학을 가르치는 일이다. 많은 학생들이 수학은 어려운 과목이라고 일찍 포기하는 경우가 많은데, 어려서부터 취미를 붙이게 되면 이 보다 더 쉬운 과목이 없다. 미국의 경우 특히 저소득층 자녀들이 더 많이 포기하는데, 수학은 대부분의 고소득 직업을 잡는 데 필수이기 때문에 이것을 포기하면 대대로 빈곤을 이어갈 수밖에 없다. 어떤 가정에서 자라느냐가 그 사람의 미래를 결정하는 데 매우 큰 영향을 미친다고 필자는 보고 있다. 좋지 않은 가정이나 환경에서 자란 사람들은 대체로 경제적 불편함과 아울러 그들 주위에서 정신적으로 이끌어주고 도와줄 사람이 별로 없기 때문에 자신이 모든 문제를 다 해결해야 한다. 마이크로소프트의 빌 게이츠는 인생의 성공여부는 출신과는 무관하여야 한다고 하였다는데, 그래서 그런지 자기 재산의 0.1%도 되지 않는 돈을 자식들에게 유산으로 주고 대부분을 사회로 환원하는 것 같다. 이런 사회적 불평등을 해소하기 위해 정부나 사회단체들이 많은 노력을 하는 것은 사실이다. 필자 또한 필자가 가진 재능인 수학을 이용하여 그들에게 조금이나마 도움이 되었으면 하는 생각에 지난 10여 년간 비영리단체를 만들어 저소득층 자녀들에게 수학을 전문적으로 가르치는 일종의 야학을 운영하고 있다. 지금은 달라스의 Martin Luther King Junior Center의 도서관에서 매주 토요일 아침 미국 IRS(Internal Revenue Service)에서 인정한 비영리단체인 IntelliChoice라는 이름으로 지역사회에서 봉사하고 있다. 약 50명의 흑인 및 히스패닉(중남미 계통) 학생들을 대상으로 하고 있으며, 자원봉사자들은 주로 미국인 엔지니어들과 University of Texas at Dallas 공과대학 학생들로 구성되어 있다. 대부분의 자원봉사자들은 30~50 km나 되는 길을 운전하여 오기도 한다. 필자의 아이들 또한 부모들의 이러한 사회 봉사 활동을 보고 자라면서 자발적으로 여러 가지 봉사 활동에 참여하고 있다.

의과대학생인 필자의 장남은 지난 2005년 9월에 발생한 허리케인 카트리나로 미국 남부가 큰 피해를 입었을 때 캘리포니아에서 미시시피 주로 가서 일주일 동안 의료 봉사 활동을 하였으며, 차남은 추수감사절 일주일간 20여 명의 친구들과 함께 뉴올리언스에서 복구작업을 도왔다. 12월에는 두 형제가 크리스마스를 맞아 달라스에서 미시시피까지 약 1,000 km나 되는 거리를 차를 몰고 가서 일주일간 봉사활동을 하고 돌아오기도 하였다. 이와 같이 항상 어려운 처지에 있는 사람들을 도우면서 같이 잘 살 수 있는 사회를 만들려고 노력하는 마음을 가지는 것이 매우 중요하다.

## 자녀들을 어떻게 교육시켜야 할까

동서고금을 막론하고 모든 부모들은 자기 자녀들이 남보다 더 앞서고 더 좋은 환경에서 잘 살기를 원한다. 필자는 그렇게 되기 위해 제일 쉽고 확실한 방법이 공부를 열심히 하는 것이라 생각한다. 공부를 잘하고 못하는 것은 상대적이긴 하나 어떻게 보면 공부는 자기 자신과의 싸움이다. 미국에서 재미교포들은 개인사업들을 많이 하고 있기 때문에, 어떤 이들은 "안되면 장사라도 하지."라는 말을 쉽게 하는 것을 볼 수 있다. 장사를 잘하는 것 또한 모든 여건이 좋을 때 가능하기 때문에 공부를 잘하는 것보다는 더 힘든 일이다. 비즈니스는 경쟁이 아주 치열하기 때문에 일반적인 지식과 성실로는 그 경쟁에서 이기기가 쉽지 않다. 이곳 미국에서도 어느 가게가 잘된다고 소문만 나면 바로 옆에 더 좋은 시설을 한 가게들이 들어와서 가격경쟁을 하기 때문에 장사를 잘하는 것은 여간 어려운 일이 아니다.

일반적으로 학교에서 성실한 사람은 그렇지 못한 사람보다 공부뿐만 아니라 다른 일들도 잘 수행함으로써 성공할 가능성이 더 많기 때문에 교육은 무엇보다 중요하다. 한 교포는 미국에 이민 와서 열심히 일하여 부자가 되었지만, 그동안 자녀들을 잘 돌보지 못하여 자녀들이 사회에서 제대로 자리를 잡지 못하는 등 자녀 문제에 있어 본인은 실패하였다고 하는 것을 들어본 적이 있다. 성실하지 못한 자녀에게 많은 돈을 물려주면 얼마 되지 않아 바닥이 나 버리기 때문에, 성실하고 착실하게 자녀들을 양육해야 하는 것은 말할 나위 없지 않은가.

## 자녀는 부모의 거울이다

자녀들의 학업에 가장 큰 영향을 주는 사람은 선생님이 아니라 바로 부모 자신들이다. 자녀들의 학업 성적과 장래는 부모의 영향에 의하여 많이 결정된다고 해도 과언이 아니다. 따라서 아이의 학업 성적이 더 좋아지기를 원한다면,

첫째, 부모들이 자녀들과 함께 많은 시간을 보내면서 공부하는 분위기를 만들어 주는 것이 중요하다. 자녀들은 부모와 함께하면서 부모들의 행동을 자연스럽게 따라하게 되므로, 가능하면 부모들이 같이 책을 읽는다든지 무엇인가 의미 있는 일을 하는 것을 자녀들에게 보여주는 것이 중요하다. 부모들이 TV에 푹 빠져 있고, 늘 비싼 명품만 즐기면서 아이들에게 계속 공부만 하라든지 절약하라고 한다면 아이들은 오히려 부모들에게 반감만 갖게 될 것이다. 서문에서 소개한 바와 같이 노벨수상자가 한국, 일본, 대만은 교육수준이 높아 부유하게 되었다고 평가하였지만, 여기 미국에서 보면 이들 세 나라뿐만 아니라 아시아에서 온 이민자들 대부분이 자녀의 학업에 아주 열성적이다. 특히 중국과 인도계 부모들의 극성은 한국인들과는 비교가 되지

않을 정도로 대단하다. 중국계 아이들은 학업에서 뿐만 아니라 예능 부문에서도 아주 특출하여 어디를 가나 학교의 최상위권을 차지하고 있어, 한국 아이들로부터 학교에 중국 아이들이 많아 못 다니겠다는 이야기를 종종 듣기도 한다. 여담으로 중국 아이들 중에는 학년이 시작하기 전에 1년 분량을 미리 공부하고 새 학년을 시작하는 아이가 많다고 중국인들로부터 직접 들은 바가 있다. 반면 미국에서 한국 아이들이 그렇게까지 공부한다는 이야기를 들어본 적이 없다. 이것이 중국계 아이들이 학업이나 예능에서 월등히 우수한 이유이다. 그러나 한국에서는 여기 중국 아이들처럼 학원에서 선행학습을 하고 나서 학교를 간다고 하니, 어느 곳에서나 경쟁을 생각하면 학부형이나 아이들이나 모두 기가 막힐 일이다.

둘째, 같이 어울리는 친구들의 peer pressure(동료들로부터 받는 압력)가 중요하다. 아직 인격 형성이 완성되지 않은 터라 좋지 않은 행동인데도 불구하고 호기심에 한번 하고픈 생각으로 잘못된 행동과 버릇을 배우기도 하며, 공부를 멀리 하는 아이들과 어울리면서 공부보다는 그들이 좋아하는 다른 일들로 바쁘게 된다. 반면 성실한 친구들과 어울리면 좋은 습성을 배울 수도 있고, 어릴 적부터 먼 장래에 어떻게 될 것인지도 생각하며 학업을 스스로 알아서 하는 습관을 들이게 된다. 이런 면에서 우리가 잘 알고 있는 맹모삼천지교는 지금도 적용되는 좋은 교훈 중 하나이다. 그 누구나 자식을 잘 양육하고자 하지만 생각보다 쉬운 일이 아니어서 자식 농사만큼은 마음대로 되지 않는다는 말이 있지 않는가.

## 부자를 존경하게 가르쳐라

요사이 한국에서는 양극화라는 새로운 단어가 유행을 하고 있는 것 같다. 필자가 보기에도 현 자본주의사회의 제일 큰 문제가 부자는 더 부자가 되고 가난한 사람은 상대적으로 더 가난해지는 것이다. 그러나 이보다 더욱 심각한 문제는 가난한 집안출신이면 성공할 수 없다고 체념해 버리고, 부자들을 부정한 방법으로 부를 축적한 것처럼 여기는 풍조이다. 부유한 가정에서 태어나면 일생을 편안히 사는 반면, 가난한 사람은 가난의 대물림으로 대대로 힘들게 사는 경우가 비일비재하므로, 이렇게 쉽게 단정 지을 수도 있을 것이다. 그러나 어떻게 하면 소외받은 계층이 최소한의 경제적 혜택을 받으면서 보다 발전할 수 있는 기회가 주어지는 그런 사회를 만들 수 있는지 연구하고 노력해야 할 것이다. 필자가 살고 있는 지역에는 부유한 사람들이 많이 살고 있는데, 어떤 집은 화단의 꽃을 가꾸는 데만 1년에 십만 불이란 큰돈을 들인다고도 한다. 이에 대해 많은 이들이 그런 사람들에게 욕을 할지 모르나 필자가 보기에는 오히려 그들이 사회에 기여하는 바가 크다고 생각한다. 많은 돈을 들여 화단을 가꿈에 따라 그 꽃을 키우는 사람, 심는 사람, 물을 주며 관리하는 정원사 등 여러 사람이 생계에 도움을 받게 되며, 보는 이들에게 조차도 즐거움을 주지 않는가. 여기서 부자를 무조건 옹호하려는 것이 아니라 부자가 가진 부를 사용할 때에 많은 사람들이 혜택을 받기 때문에 그 부를 더 많이 사용해야 함을 강조하기 위함이다. 이와 더불어 부자를 존경하는 마음을 가지면 부자가 되기가 더 쉽다고 생각한다.

부자들은 후손들에게 계속 그 부를 이어주기 위해 다른 사람들보다 더 자녀교육에 투자하기 때문에 대를 이어 더욱 큰 부자가 될 수밖에 없다. 필자가 한국에서 중학교에 들어갈 무렵인 1960년대 필자의 초등학교에서는 그 지역에서 제일 좋은 중학교에 전교에서 1~2명밖에 들어갈 수 없었지만, 도심지 학교에서는 한 반에서 15명까지도 들어가곤 하였다. 이런 양극화는 어제 오늘의 일 만은 아닐 것이다. 첩첩 산골도 아닌 대구에서 700여 명의 필자의 초등학교 동기 중 대학을 졸업한 사람은 10여 명에 불과하였다. 그러면 필자가 살던 동네의 아이들은 모두 머리가 나쁜 아이들이고, 좋은 지역에 살던 아이들은 대부분 머리가 좋아서 많은 수가 상급학교로 진학을 할 수 있었을까? 물론 좋은 학교에는 우수한 선생님들도 많아 더 열성적으로 가르친 부분도 있겠지만, 그보다는 면학 분위기가 제대로 갖추어져 있고 부모들의 뒷바라지가 있었기에 가능한 일이었을 것이다. 머리는 타고난다는 이야기도 많이 하지만, 사실 가장 중요한 것은 지능지수(IQ)보다는 학업에 대한 의욕이기 때문에 학부모들의 자녀교육에 대한 열성과 관심, 그리고 주위 환경이 매우 중요하다. 또한 부모가 아무리 열성적이라도 자녀 스스로가 원하지 않으면 절대로 공부를 잘할 수 없다. 그러기에 본인 스스로 학업에 관심을 갖도록 분위기를 조성하여야 한다.

이곳 미국에서도 학업 환경이 떨어지는 지역에 위치한 고등학교에서 소위 말하는 명문 대학에 한 명이라도 입학시키는 것은 거의 불가능하다고 해도 과언이 아니다. 대부분의 대학에서는 명문 대학생을 배출한 적이 없는 고등학교 출신학생이 우수한 성적에 따라 지원을 하여도 대학에 들어와서도 잘할지에 대한 의구심을 갖기 때문에 입학 허가가 쉽지 않다. 이에 따라 많은 고등학교들의 경우 몇 십 년 내지 몇 백 년 동안 하버드와 같은 명문 대학에 출신학생을 배출한 적이 거의 없다. 반면 워싱턴 DC 지역에 있는 공립학교인 Thomas Jefferson High School for Science and Technology의 경우 2005년도에만 한 학년 450명 중 185명이 National Merit Semi-finalist가 되었기 때문에 명문 대학에 많은 학생들이 입학할 수 있었다. 미국 전체에서 National Merit Semi-finalist가 약 1,400,000명의 응시자 중 16,000명 정도나 되었으니 약 40% 학생이 전체 상위 1%에 해당됨을 알 수 있다. 이런 면에서 볼 때 오히려 한국의 무명 고등학교에서 국내 일류 대학을 보내는 것이 훨씬 쉽다. 따라서 미국에 조기유학을 오게 된다면 앞으로 다니게 될 학교가 지난 2~3년간에 어떤 대학에 졸업생을 배출하였는지 꼭 알아볼 필요가 있다. 다음에 다시 언급하겠지만 이런 부분은 부모들의 몫이므로 좋은 학군의 학교에 입학할 수 있도록 미리 잘 알아보아야 할 것이다.

자녀들의 자신 있는 학교생활과 장래의 발전을 위해 학교와 국가의 교육정책만 나무랄 것이 아니라, 부모가 자녀의 학업에 더 많은 관심을 가지고 왜 공부를 잘하는 것이 좋은지 등의 동기부여를 함으로써 본인 스스로 학업을 할 수 있도록 도와주는 것이 필요하다.

## 자녀와의 약속은 약속할 정도로 지켜라

1980년대 말인 것 같다. 닌텐도 게임이 새로 출시되어 대부분의 아이들이 정신없이 그 게임을 즐겼다. 필자의 아들도 저녁식사 시간마다 늘 친구 집에 가서 게임을 하여 그 집에 미안한 맘에 하는 수 없이 게임기를 하나 사 주었다. 당연히 게임기를 사 주면서 공부를 열심히 하겠다는 약속도 받았다. 몇 달 뒤 받아온 성적표에 B학점이 하나 있었는데, 처음으로 받아보는 B였다. 그래서 필자는 또 성적이 떨어지면 절대로 게임기를 가지고 놀지 못하게 하겠다고 하니 아이는 그렇게 하겠다고 약속을 하였다. 그러나 그 다음 성적표에도 어김없이 B뿐만 아니라 C학점도 있었다. 이 C학점이 필자가 알기로는 아이의 처음이자 마지막 성적이었다. 그때 필자는 당장 닌텐도 게임기를 빼앗았고, 그 이후로 아직까지 게임기를 사 본 적이 없다. 만약 그때 한번만 더 봐 준다던지 아이와 타협을 하였다면 좋은 대학에 보내지 못했을 것이다. 따라서 부모들이 아이들과 약속을 하면 약속할 정도로 지키는 것이 좋다. 체벌에 관해서는 다양한 교육학적 관점이 있으나, 말로만 계속 타이르다보면 아이들 버릇이 더 나빠지는 경우도 많다. 체벌이 필요할 때는 하는 것이 아이에게는 좋다고 생각한다. 필자가 달라스 지역의 한인신문인 News Korea에 교육 칼럼니스트로서 실은 부모의 과잉보호에 대하여 부록에 첨부한 글을 참고하기 바란다.

그러나 꾸중과 체벌만이 특효약은 아니다. 필자가 아이들을 지도하면서 경험한 바로는 공부를 잘 못하는 데도 이제 참 잘한다든지, 요사이 아주 어른스러워졌다든지 등의 칭찬을 하면 그 다음에 더욱 향상되는 경우를 많이 보았다. 이처럼 가능하면 칭찬을 아끼지 않도록 한다. 미국에서는 칭찬이 너무 많아 어른들도 칭찬 받기를 좋아하고, 칭찬을 하지 않으면 일을 잘하지 않는 버릇도 있다고 한다. 특히 미국 초등학교의 경우 선생님들이 학생들에게 너무 많은 칭찬을 하기 때문에 미국에 처음 온 학부형들이 아이들을 학교에 보냈을 때 선생님이 칭찬하는 말만 듣고 자기 자녀가 천재인지 착각할 수도 있다. 따라서 미국 선생님들의 칭찬은 알아서 잘 해석하여야 한다.

### 유행을 쫓지 말자

요즘 미국의 한인사회에서 유행하고 있는 것 중의 하나가 서울의 SAT 학원이 좋다고 여름방학이면 경제적으로 여유 있는 많은 집안의 자녀들이 서울에서 학원을 다니기 위하여 귀국하는 일이다. 미국에 있으면 3개월간의 여름방학을 그냥 보내기 때문에 몇 달 동안 집중적으로 SAT를 공부시키겠다는 부모들의 욕심과 지원은 비난받을 일이 아니지만, 서울의 학원이 좋으니 그곳에 가면 잘된다고 믿는 것은 어이가 없는 일이다. 사실 SAT는 미국에서는 평소 학교교육에만 충실해도 좋은 성적이 나올 뿐더러 20불 정도의 관련서적 한 권만 사 보아도 학교에서 우수한 학생은 거의 만점을 받을 수 있다. 방학기간 동안 고국 경험을 쌓으러 간다면 얼마나 좋을까. 집에서 공부를 하지 않고 놀고 있을 바에야 학원을 다니며 수업을 들으면 성적이 향상되는 것은 당연할 것이다. 그러나 미국에도 미국인들이 운영하는 SAT 학원들도 있고 혼자서도 충분히 해낼 수 있는데 남들이 좋다니까 굳이 서울까지 가서 나도 해야 한다고 믿는 것이 문제이다. 유행에 따라 자녀들을 키울 것이 아니라 자녀들이 늘 꾸준히 학습하는 태도를 갖고, 공부를 잘해야겠다고 생각하도록 동기부여를 하는 것이 가장 중요하다.

한국에서 SAT 수학과외를 받는 데 시간당 몇 십만 원이라는 말도 있는데, 돈으로 무엇이든 해결하려고 하고 돈이면 다 된다는 사고방식은 좀 문제가 있는 듯하다. 필자의 두 아들도 800점 만점을 받았는데, 한국에서 어느 정도 공부하는 아이들 경우에는 문제가 어렵지 않다. 영어를 몰라서 못 푼다면 이해가 되나, 사실 수학의 영어가 뻔할 뿐더러 SAT 책 한 권을 사서 문제의 유형들을 보면 고등학교 2학년의 상위권 학생은 별 어려움 없이 다 풀 수 있다. SAT 수학과외 때문에 경제적으로 힘이 들어 유학을 못 간다는 것은 말이 되지 않는다. 아마도 교포가 아닌 한국 학생이라면 SAT 영어 과목은 한국에서 학원의 도움이 좀 필요할 수도 있지만, SAT 수학 과목은 학원의 도움이 없이도 잘할 수 있을 뿐더러 꼭 비싼 강사가 필요한 것이 아니다. 한국의 어떤 수학선생님도 얼마든지 잘 가르칠 수 있다.

## 사회성을 길러주자

우리가 살고 있는 사회는 여러 사람이 모여 사는 곳이라 항상 좋은 사회성이 요구된다. 예를 하나 들어보자. 1996년도에 미국 FBI에서 제일 골치거리 사건이었던 유나바머(unabomber)가 잡혔다. 1978년부터 1995년까지 17년간 16번에 걸쳐 폭탄 우편물을 보내어 3명이 살해되고 29명이 부상하여 미국 전역을 떠들썩하게 했던 사건이었다. 그 사건의 주인공은 IQ가 160~170 정도이며 6학년과 11학년을 건너뛰고 16살에 하버드 대학에 입학한 Ted Kaczynski였다. 그는 대학 졸업 후 미시간 대학의 대학원을 들어가 수학으로 석사와 박사학위를 받았으며 좋은 논문상을 수상하기도 하였다. 대학원 졸업 후에는 미국 주립대학으로는 제일 좋은 University of California at Berkeley에 조교수로 부임하였으나 2년 후 아무런 말도 없이 사표를 내고 몬태나주의 산중에 혼자 기거하면서 이와 같은 일을 저질렀는데, 그 이유는 현대 기술의 발달이 가져오는 위험을 경고하기 위해서였다고 한다. 아무리 본인의 뚜렷한 이유가 있다고 해도 자기의 철학을 관철하기 위하여 남을 해치는 일은 법에 용납되지 않는다. 그는 현재 무기수로 복역 중이다. 이러한 일을 저지른 그에게 크게 영향을 준 일은 학년을 뛰어넘은 것이라고 한다. 학교생활에서 또래나 자기보다 나이가 많은 아이들과 잘 어울리지 못하고 따돌림을 받은 것이 큰 원인이라고 하였다(from Wikipedia).

한 사람의 경우이지만 여기서 우리가 느낄 수 있는 것은 아이들이 자랄 때 또래 친구들과 잘 어울리면서 사회성을 발달시키는 것이 중요하다는 것이다.

필자가 미국에서 보기에도 어떤 아이들의 경우 중학생인데도 불구하고 벌써부터 대학에서 수학 과목을 듣는 경우가 있는데, 주변 아이들에게 물어 보면 그 아이는 다른 아이들에 비해 조금 어눌한 것 같다는 이야기를 들어본 적이 있다. 아무리 학업능력이 우수해도 그 또래집단에서의 사회성이 결여되면 쉽게 어울리지 못할 뿐더러 상급집단에서도 속하지 못하게 된다.

## 스스로 할 수 있도록 동기를 부여하라

무슨 일이든 왜 하여야 하는지에 대한 이유를 모른다면 그 누구도 하지 않을 뿐더러 한다고 하더라도 능률이 오르지 않으리라는 것은 우리 모두 잘 알고 있는 사실이다. 그래서 교수들이 강의를 할 때 각 장마다 이 장을 왜 공부해야 하며 어디에 필요한지 등을 간단히 언급하여 그 장을 공부해야 하는 동기를 유도하는 것이 일반적이다. 학생들의 학업도 마찬가지이다. 무턱대고 1등만 하여야 한다고 하면 큰 호기심이 없을 것이다. 그러나 그 후에 돌아오는 보상이 무엇인지를 알게 되면 스스로가 흥미를 가져 열심히 하게 될 것이다. 우리 한국인들에게는 지난날의 어려웠던 시절이 아직도 기억에 남아 있어 돈으로 모든 것을 평가하고, 부모들은 아이들에게 공부를 잘하면 돈을 많이 벌 수 있다고 말하기가 일쑤이다. 그러나 경제적으로 풍요롭게 자란 요즘 세대들에게는 물질적인 것의 개념이 부모 세대와는 많이 다르다.

오래 전 일이기는 하나 캐나다에 이민 간 한 가정의 이야기를 신문에서 읽은 적이 있다. 부모들은 자녀를 잘 키워보겠다는 일념으로 자신들의 몸도 돌보지 않으면서 가게에서 일을 하여 자녀들을 좋은 학교에 보내고 싶어했으나 자녀들은 늘 불만투성이었다. 부모들은 자녀들을 위하여 냉장고에 먹을 것을 가득히 채워 두는 것만으로도 그들이 참 행복하리라 생각하였건만 그들은 그들이 생각한 냉장고에 넣어 둔 음식 이상의 것을 필요로 하였다. 이처럼 요즘 아이들에게는 물질 이상의 것으로 이야기하는 것이 바람직하다. 공부를 잘하면 좋은 지위를 갖게 될 수 있고, 그로 인해 더 좋은 일을 많이 할 수 있으며 재력도 동반하게 됨을 일깨어 주는 것이 좋을 것이다.

지난봄에 필자가 근무하는 학교의 한 미국인이 고등학교에 다니는 아이를 데리고 플로리다의 마이애미 비치에 봄방학 동안 휴가를 갔다 왔는데, 그 집 아들이 비치 주위에 있는 호화 주택을 보고 어머니에게 누가 저렇게 좋은 집에 살고 있느냐고 묻길래 아마도 의사이거나 증권회사, 큰 회사의 고급 간부일 것이라 하니, 아들이 그럼 나도 의과대학에 들어가야겠다는 이야기를 했다고 한다. 그 어머니는 이것이 자기가 원했던 좋은 동기부여라고 하였다. 아이들에게 좋은 것을 보여주는 것은 아주 중요하다. 좋은 집뿐만 아니라, 훌륭한 과학자나 정치인, 사회사업가 등을 직접 만나보게 함으로써 자기도 그렇게 되고 싶어하는 마음을 품게 해 주면 좋다. 하고픈 동기가 주어지면 본인 스스로 생각하여 일을 하게 되고, 더 효율적인 결과를 가져 오지 않겠는가. 이처럼 무엇을 잘하기 위해서는 동기부여가 무엇보다도 중요하다.

또다른 한 예로는 같은 학과에 근무하는 교수가 미국에서 제일 좋은 대학에서 학부와 석사, 박사를 하였기에, 어떻게 그렇게 좋은 대학들을 다닐 수 있었는지 물어보았다. 자기는 부모가 이혼을 하여 어머니와 같이 살았는데, 어머니가 자기를 대학에 보낼 형편이 되지 않아 열심히 공부하여 장학금을 받을 수밖에 없다고 생각하여 열심히 공부했다고 한다. 때마침 1957년에 미국은 러시아의 Sputnik 인공위성 발사에 자극을 받아 수학·과학 분야에서 소련을 따라잡기 위해 영재육성프로그램을 시작할 때였다. 러시아가 인공위성을 쏘아 올림으로써 미국이 러시아보다 과학 분야에서 뒤지게 되어, GM(General Motors)사에서 본인이 대학에 들어가는 해부터 매년 64명의 전면 장학생을 뽑게 되었고 본인이 선발되었다고 하였다. 이처럼 자신이 하겠다는 의지가 있으면 외부의 행운도 따라 줄 때가 많다. 하늘은 스스로 돕는 자를 돕는 것이다.

필자와 같은 초등학교를 졸업하고 그 지역의 제일 좋은 중학교에 들어간 아이의 경우에도 마찬가지이다. 그 당시는 가난 때문에 아이를 중학교에 보내기가 쉽지 않았던 집들이 많았던 시절이다. 그래서 아이가 열심히 공부를 하면 부모는 혹시 중학교에 보내달라고 할 것 같아 일찍부터 공부를 못하게 했고, 공부를 할 때는 오히려 꾸중하기 일쑤였다. 그럴수록 아이는 더욱 열심히 공부하고, 밤에는 불빛이 보일까봐 이불을 덮어쓰면서까지 열심히 공부하였는데 어느 학교인들 못 들어갔겠는가.

필자는 학기가 시작하고 2~3주가 경과한 후에, 수업을 시작하면서 그 교과목과는 관련이 없는 퇴직할 때 받을 수 있는 연금에 대한 강의를 10분 정도 진행한다. 학생들에게 우리가 매년 10,000불씩 30년간을 연금으로 저축하면, 30년 뒤 퇴직시에 연금이 얼마가 될 것인지에 대해 질문을 하고, 실제적인 데이터를 넣어 계산을 하도록 한다. 총 넣는 금액이 30만 불이니 어떤 학생들은 50만 불 정도 될 것이라 하기도 하며, 제법 계산이 빠른 학생은 연 이자가 얼마인지 묻기도 한다. 필자도 학교 연금을 넣고 있는데, 미국에서 교육계, 의료업, 연구 분야 종사자들이 연금으로 많이 가입하고 있는 TIAA-CREF라는 뮤추얼 펀드(mutual fund)의 스톡(stock) 항목에 현재로부터 지난 10년간의 평균성장률과 이 스톡 항목이 시작된 이후의 평균성장률을 가지고 계산을 해본다. 이번 학기에 강의를 한 그날의 지난 10년 평균은 연 8.5%이었고, 그 항목이 시작된 이후로는 10.45%이어서 30년을 복리로 계산을 하니 각각 1,300,000불과 1,900,000불이었다. 그리고 필자가 근무하고 있는 학과의 최근 학사학위 졸업생들의 평균초임이 연 61,000불이니 첫 직장을 잡은 처음부터 연 10,000불 저축은 그렇게 어렵지 않은 금액이므로, 여기 강의실에 있는 교수를 포함하여 우리 모두는 퇴직시에 수백만 불을 소유하게 되는 미래의 백만장자들이라고 강의한다. 단, 좋은 직장에 취업이 되어야 하는데, 취업에 가장 중요한 것이 이력서에 좋은 성적을 보여주는 것이기에 모두들 열심히 하기를 바란다고 학업에 대한 동기를 부여한다. 또한 취업 후에는 창의성, 팀워크, 인간성 등도 역시 중요함을 강조한다.

필자는 또한 자녀들에게 좋은 지위에 있어야 다른 사람들을 경제적으로나 정신적으로 도와주고 사회에 좋은 영향력을 끼칠 수 있으며,

그렇게 되기 위해서는 공부를 열심히 하여야 한다고 주지시키고 있다. 미국에 있는 한인 교회에서는 1980년대 말에서 1990년대 초에 러시아 선교가 유행을 하였고, 그 이후에는 중국 선교가 유행한 적이 있었다. 어떤 사람들이 러시아와 중국으로 선교를 가겠노라고 지원했을 때, 교회에서 그 분들을 도와주어야 할 것인지에 대한 열띤 토론을 벌인 적이 있었다. 두 경우에 자원하는 사람들이 자기도 잘 일어서지를 못하여 힘든 처지에 있는데 어떻게 남을 도와주는 선교를 하겠느냐는 이야기들을 많이 들어 보았다. 그 지역의 언어를 능통하게 하는 것도 아니고, 그렇다고 특별한 재주가 있는 것도 아니고, 경제적으로도 도움도 줄 수 없는데 가서 무엇을 하겠느냐는 이야기였다. 사실 자기 생활도 힘든데 어떻게 남을 돌보며, 또한 다른 사람들로부터 인정을 받지 못하면서 사회를 좋은 방향으로 이끌고 많은 사람들에게 정신적으로 좋은 영향을 준다는 것은 아주 힘든 일이지 않겠는가. 일반적으로 공부를 잘하는 순서가 경제적으로 꼭 잘사는 순서는 아니지만, 성공하는 순서를 좌우하는 중요한 요소가 된다고 생각한다. 공부를 잘하는 것은 경제적으로도 여유롭게 만들 수 있다. 따라서 자녀들 스스로 학업에 취미를 붙이도록 어떻게 하면 좋은 동기를 부여할 수 있을지 고민해야 할 것 같다.

## 어릴 때부터 스스로 책임지게 하라

초등학교 때부터 잘하는 아이들은 계속 우수한 성적을 유지할 가능성이 많다. 왜냐하면 자기의 기준이 높게 책정이 되어 있어 최고의 성적이 아니면 만족하지 않기에 늘 부단한 노력을 하여 좋은 성적을 유지하고자 한다. 즉, 어떤 아이들은 B학점으로 만족한다면 A학점을 잘 받지 못하나, A학점을 받아야 만족하는 아이는 늘 A학점을 받도록 노력하게 되기에 늘 A학점을 받게 된다. 어떤 교육학자들은 사람의 두뇌는 어린 시절에 다 발달하기 때문에 소아기에 두뇌를 발달시켜야 한다고도 하지만, 필자는 환경이나 자신감이 더 중요하다고 믿기에 어릴 적에 목표를 높게 잡도록 좋은 환경을 조성하여야 한다고 본다.

필자의 둘째 아들이 중학생 때의 일이다. 학교에 4일간 아파서 못 간 적이 있는데, 그 다음날 하교하는 길에 하는 말이 오늘 아주 큰 시험을 쳤다고 하였다. 그래서 잘 쳤는지 물으니 A학점을 받을 수 있도록 잘했다고 하면서, 어떤 아이들은 B학점을 받으면 좋아하기 때문에 B학점을 받는데, 자기는 A학점을 좋아하기 때문에 A학점을 받는다고 했다. 이 말은 틀린 말이 아니다. 어릴 적부터 기준을 높게 잡도록 부모님들이 애써야 할 것이다.

비슷한 예로서, 어떤 분은 명문 중학교를 다닐 적에 월말고사에서 한번 2등을 하고 반에서 모두 1등을 하였다고 했다. 2등을 한 그 달 내내 빨리 한 달이 지나 다음 시험에서 1등을 해야 한다고 생각하면 초조하였고, 다른 학생들이 자기를 지켜보는 것처럼 느껴졌다고 한다. 이런 생각을 하니 그 다음 달에도 당연히 1등을 할 수 있었다. 이처럼 1등을 해야 한다는 강박관념이 너무 강하여 몸에 병이 날 정도까지 이르면 곤란하겠지만, 늘 최상위권에 이를 수 있다는 자신감과 건전한 경쟁심, 노력하는 마음가짐을 일찍부터 심어주는 것이 중요하다.

필자가 1980년대 초에 미국의 한 명문 주립대학의 교수님댁을 방문한 적이 있다. 그 분의 자녀들 또한 어떠한지 알아보았는데, 깜짝 놀라지 않을 수 없었다. 그 집의 아들이 아버지가 근무하는 주립대학에 다니고 있는데, 부모님 집에 살지 않고 독립하여 아파트에 살고 있다는 것이었다. 집에서 함께 살면서 다니면 되지 아파트 세를 지불하면서까지 나가서 사는지 도저히 이해가 되지 않아서, 건전하지 못한 아이일 것이라고 짐작하였다. 20여 년이 지난 지금 필자가 이런 경우를 보았다면 충분히 이해를 할 수 있었을 것이다. 대학생이 되었으나 돈을 벌지는 못하지만 성인으로서 부모의 그늘 밑에서 간섭을 받지 않겠다는 것이 이해가 된다. 반면 한국에서는 제법 나이가 되었는데도 부모들과 같이 살고 있는데, 이들 모두 장단점은 있다. 일찍 부모를 떠나면 생활비가 이중으로 들게 되니 이를 부담할 경제적 문제가 있을 수 있으나, 성숙한 자녀들이 부모와 함께 산다면 아무래도 부모의 간섭 하에 있게 되니 성인으로서 제대로 의사결정을 하고 사회생활을 할 수 있을까 라는 문제점이 있을 수 있는 것이다.

필자의 경우에는 초등학교 시절부터 아이들이 아침에 혼자 일어나 학교에 가고, 학교의 모든 과제를 수행하게 하였다. 일찍부터 아이들에게 독립적으로 생활하는 것을 가르치는 것이 무엇보다 아주 중요하기 때문이다. 만 15세가 되면 신용카드를 아이의 이름으로 만들어 주어 사용하게 하였다. 부모의 허락을 받지 않고 마음대로 결제를 할 수 있지만, 항상 상식의 범위 안에서 사용하여야 하는 것이 조건이었다. 예를 들어, 몇 백 불짜리의 옷을 산다든지, 천 불 이상의 컴퓨터를 구매한다든지 할 때에는 먼저 부모와 상의를 하고 살 수 있었다. 그러나 일상적인 것, 즉 백화점에 가서 옷을 산다든지, 음식점에서 식사를 한다든지, 서점에서 학교에 필요한 책을 산다든지 하는 경우에는 모두 본인 스스로 결정하여 구매하게 하였다. 현금을 주는 일은 거의 없었으므로 매달 날아오는 고지서에서 아이들이 무엇을 했는지를 한눈에 볼 수 있었다. 어릴 적부터 이런 교육을 시키면 주머니에 돈이 있어도 필요한 경우에만 쓰는 습관을 갖게 된다.

대부분의 경우 자녀들을 대학에 보내면 아이들에게 필요한 학자금과 생활비로 큰돈을 주게 된다. 갑자기 큰돈이 생기게 되면 호기심이나 다른 아이들에게 꼬임을 당해서 많은 돈을 쓰고도 부모에게 이야기도 못하고 혼자 고민하면서 해결하려고 하다가 더 나쁜 지경에 이를 수도 있다. 반면 신용카드로 결제하면 거의 정확히 자녀들이 무엇을 하는지 알 수 있다. 미국에 유학을 온 학생들 중에도 돈을 잘 관리하지 못하여 실패하는 경우를 종종 보게 된다. 도박에 빠져서 등록금 전액을 날리고 친구에게 얼마씩 빌려서 전전긍긍하다가 마지막에는 도망치는 경우도 보았다. 버릇은 일찍부터 잘 들여야 한다. 세 살 버릇 여든 간다는 속담도 있지 않은가. 특히 한국에서 미국에 유학을 보내게 되면 부모들이 일일이 돈을 주거나 카드결제를 못하니 큰 액수를 아이들의 은행계좌에 입금을 시키고 아이들이 사인을 하여 현금 인출과 모든 구매를 하게 되는데, 이런 경우를 대비하여 일찍이 자녀가 부모의 곁에 있을 때 미리 잘 연습시켜 놓는 것이 아주 중요하다.

필자의 아이들 경우에는 대학에 들어가면서 성인답게 성적표를 보여주지를 않겠다고 하여 어떻게 학교 성적관리를 하는지 걱정이 된 적이 있었다. 부모의 입장에서는 자녀들의 모든 생활비와 학비를 부담하니 당연히 성적표를 볼 권리가 있을 것 같지만, 본인 스스로 잘 알아서 하기만을 기대할 뿐이었다. 다행히 큰 아이는 스탠퍼드 학부를 졸업하고 스탠퍼드 의대로 진학을 하였으니, 짐작하건데 스스로 성적관리를 잘하였을 것으로 본다. 필자 가정에서는 대학 학비는 부모가 전액 지원하나 그 이후에는 본인들이 알아서 하도록 방침을 정해두고 있다. 성인으로서 모든 책임은 본인이 지며, 그 장래 또한 본인의 결정에 따라 결정됨을 잘 주지시키기 위해서이다.

## 포기하지 않는 승부근성, 적극적인 사고를 심어줘라

사람에 따라 적극성이 모두 다르다. 최근 한국에서는 취업 경쟁률이 100 : 1이나 된다고 야단들이다. 이에 따라 미리 겁을 먹거나 포기하는 사람들도 많은 것 같다. 한때 한국 사회에서 유행하던 단어가 '적극적 사고'였다. 필자는 상당히 적극적인 편인데, 모든 경우에 있어 이익이 되었지 손해를 본 적이 없다. 그래서 학생들과 상담을 할 때도 늘 적극적으로 생각하라고 충고한다.

필자가 미국에 와서 공부를 막 시작하고, 아내가 대학원에 들어갈 때의 이야기이다. 수학과에 원서를 내고 입학허가를 받았는데 장학금을 받지를 못했다. 이것은 수학과에서는 보통 있는 일이기에 기분이 상한다든지 놀랄 만한 일도 아니었다. 왜냐하면 입학한 대학의 수학과에서는 대학원 조교는 교수들의 채점을 도와주는 조교가 아닌, 교수들과 마찬가지로 주로 강의를 맡아 강사처럼 강의를 하기 때문에 언어 문제로 인하여 외국 학생들을 처음부터 채용하지 않는다. 그리고 숙제 등을 채점하는 것은 돈을 적게 주어도 되는 학부 학생들에게 맡겼다.

막상 공부를 하려고 하니 재정이 따라 주지를 않아 아내에게 대학원 담당교수에게 찾아가 장학금을 좀 달라고 개인적으로 신청해 보라고 했다. 그러나 아내는 가봤자 당연히 되지 않을 일이므로 시간만 낭비하느니 안하겠다고 하여 하는 수 없이 필자가 서류를 들고 담당교수를 찾아갔다. 그 당시 여러 한국 학생들이 처음부터 수학과에서 장학금을 받는 것을 본 적이 없었다. 처음에 필자는 "나의 아내는 한국에서 고등학교 교사를 3년간 하여 학생들을 잘 가르치므로 강의 조교로서도 일을 잘할 것이니 장학금을 부탁한다."고 요구하였으나, 담당교수는 영어로 강의할 정도가 되지 않을 것이라 여기므로 "No"라고 대답했다. 그래서 다시 "이웃에 사는 분이 영어를 전공한 사람인데 거의 매일 아내와 놀이터에서 애들을 보면서 같이 시간을 많이 보내기 때문에 영어를 잘한다."고 해도 안된다고 하였다. 학교 주위에 있는 미국 교회들은 학생 부인들에게 영어를 가르치는 프로그램들을 많이 제공하는데, 일주일에 두 번 정도 아침에 pick up을 하고, 아기를 돌봐주는 프로그램도 있어 외국생활에 서툰 학생 부인들을 미국생활에 잘 적응 할 수 있게 도와들 준다. 아내가 "이 프로그램에서 영어를 배우고 있어, 영어에는 큰 문제가 없다."고 다시 한 번 말하였으나 대답은 마찬가지였다. 그래서 마지막으로 아내가 고등학교 교사를 하면서 저녁에 교육대학원을 다닐 때 영어로 쓴 논문이 있는데, 30페이지도 안되지만 그것을 보여주며 "이렇게 논문도 영어로 쓰지 않느냐."고 했더니 그제서야 교수는 "왜 진작 보여주지 않았느냐."며 학부 학생들이 사용하는 교과서를 하나 주면서 "준비가 되는 대로 언제든지 자기에게 와서 15분 동안 강의를 하라."고 말하였다. 며칠 뒤 그 교수 연구실에서 15분 강의를 하고 난 뒤 매달 670불의 월급과 등록금 감면, 의료보험 등의 혜택을 받는 정식 강의 조교로 임명되었다. 그 당시 한국에서 국립대학교 조교수의 월급이 300불 정도이었으니 적은 돈은 아니었다. 만일 다른 학생들도 강의 조교가 되지 않으니 나도 또한 되지 않으리라 생각하고 더 알아보지 않았더라면 아마도 몇 년 후에나 조교가 되었을 것이다.

언젠가 필자가 근무하던 학교의 화학공학과 학생이 찾아와서는 어떻게 직장을 구할 수 있는지 알려 달라길래, 아내가 경험하였던 이야기를 들려주고는 이력서는 준비되어 있으니 구인광고가 나오면 우표 한 장 버리는 셈치고 한번 보내보라고 하였다. 이에 그 학생은 본인은 논문도 한 편도 쓰지 않았고 현장 경험도 없어 직장 구하기가 어렵다고 하였으나, 밑져 보았자 본전이라 생각하고 적극적으로 하라고 일러주었다. 그러던 어느 크리스마스 저녁에 그 학생으로부터 급하게 상의하고 싶다는 전화가 왔다. 사실 미국에서는 크리스마스는 가족과 함께 하는 날이라 남의 집을 밤 10시 넘어서 방문하는 것이 예의가 아니었으나, 급한 용무가 있는 것 같아 오라고 하였다. 그 학생은 나와 상담 후에 Houston에서 발행하는 신문을 샀는데, 큰 화공회사에서 경력 5년의 엔지니어를 뽑는다는 광고를 보고는 경력은 없었지만 필자의 이야기가 떠올라 이력서를 보냈다고 했다. 얼마 후 그 회사로부터 면접을 보러 오라는 연락을 받았고 그 후 채용되었다고 했는데, 그 동안 다른 회사에서도 채용이 되어 어느 회사가 더 좋을지 필자에게 상의하고자 한 것이었다. 이처럼 어느 정도의 자격이 된다면 안된다는 짐작만으로 포기하지 말고, 어느 정도의 적극성을 가지고 생활하는 것이 아주 중요하다.

## 남보다 1시간 더, 구체적인 실천사항을 제시하라

사람에게는 각자 자기 능력의 한계가 있고, 사람마다 특기가 다 다르다. 그 특기를 알고 그것만 특히 발달시킨다면 좋겠지만, 그 소질과 재능을 알아내는 것은 그렇게 쉽지 않다. 그래서 어떤 경우에라도 무슨 일을 할 때에는 일단은 맡은 일에 항상 최선을 다하여야 한다. 영어에서 "Do your best"란 말은 이런 경우에 참 좋은 말인 것 같다.

필자의 아들이 대학을 졸업하고, 스탠퍼드 의과대학에 입학하기 전에 1년간 스탠퍼드 의대 병원에 연구원으로 일을 시작했을 때 아들에게 전화하여 몇 가지 충고를 하였다. 첫째, 일주일에 40시간을 일하는 게 기본이지만 남들보다 하루에 1시간씩 더 일을 하라고 했다. 오랫동안 그렇게 하면 누군가가 알게 될 것이고, 병원에서 인력 감원이 있을 때에는 제일 늦은 순위가 될 것이며, 봉급인상이 있으면 아마도 첫 순위가 되기 쉽다고 말이다. 둘째, 불평하지 말고 열심히 하되 싫으면 그만두고 다른 곳으로 옮기라고 했다. 이상의 필자의 말을 잘 이해했는지 권위 있는 잡지 중 하나인 「Nature Biotechnology」에 논문을 내는 데 공동저자 중 한 명으로 이름을 올릴 수 있었다.

필자는 1970년대에 50사단에서 방위병으로 군복무를 하였다. 방위병은 약 15개월간 근무하고, 집에서 출퇴근하니 일반 기관병보다는 매우 좋은 조건이었다. 27명의 기관병이 근무하는 예비군 훈련장에서 근무를 했는데, 나와는 달리 현역 기관병들은 30개월 동안 부대 내에서 근무를 해야 하니 많이 힘들어 보였다. 그래서 필자는 비록 15개월간 복무하지만 다른 기관병들처럼 30개월 정도의 일을 해야겠다고 다짐을 했다. 예비군 훈련장은 훈련을 마친 후면 아주 어수선하여 필자는 사무실에 출근했다는 신고를 한 후 50사단 훈련장인 와룡산에 망치와 못을 들고 가서 부서진 M1 target을 보수하고, 훈련장을 깨끗이 정리하고 화장실 청소 등을 알아서 하였다. 또한 27명분의 식사를 사단 본부에서 받아와서 저녁식사를 해 주었는데, 집에서 어머니가 담근 맛있는 김치도 가져가고, 집에서만 맛볼 수 있었던 호박잎국 등도 맛있게 끓여 주었다. 이렇게 오래하게 되니 인사계 상사님이 군대 생활 25년 만에 처음 보는 군인이라며 칭찬도 해주셨고, 출근할 때 신고할 필요 없이 알아서 일을 하라고 지시하셨다. 기관병들도 필자가 출근하면 "이 선생, 출근해요?" 등 존칭을 사용하면서 부르기도 했다. 이처럼 재미있게 15개월의 군복무를 마치게 되었는데, 이렇게 최선을 다하니 서로 인간적으로 친하게 되어 화기애애한 군생활을 할 수 있었다.

한국의 대학 교수들은 고등학교 교육이 잘 이루어지지 않아 대학 신입생들에게 시험을 쳐서 대학에서 고등학교 강의를 해야 한다고 불평이다. 한편 기업인들은 기업대로 대학이 제대로 학생들을 잘 가르치지 않아 힘이 든다고 하소연한다. 필자가 약 2년 전에 한국을 잠시 방문하여 어느 대학에서 세미나를 한 뒤 교수님들과 저녁식사를 하는 자리에서였다. 상당히 큰 중소기업에서 학생들을 추천해달라고 하였는데 정작 학교에서는 기업에 보낼 학생이 없어 미안하다는 이야기를 들었다. 그 당시 신문에서는 취업에 100 : 1 또는 그 이상의 경쟁률로 인하여 취업하기가 하늘의 별 따기와 같다는 기사들이 많이 나올 때였다. 그래서 실제 직장이 없는 것은 아닌데 그런 자격을 갖춘 학생이 부족한 것임을 느낀 적이 있었다. 학생들이 실력을 쌓아서 본인을 필요로 하는 곳이 많도록 하여야 하는데, 본인만 열심히 한다면 괜찮은 직장을 구하는 것은 그렇게 힘들지 않다고 생각한다. 그 식사 이

후 필자가 아는 학생을 그 회사에 소개시켜 주어 취업이 되었는데, 그때 필자는 그 학생에게 "너에게 일할 직장을 주니 최선을 다하여 일을 하고 내 회사라고 생각하면서 사장님께 일할 곳을 주어 고맙게 생각해라. 절대로 불평하지 말고 싫으면 그만두라. 다른 곳에 갈 곳이 없으면 너의 최고의 직장이니 회사가 요구하는 이상의 일을 하라."고 당부하였다. 나중에 회사에 알아보니 일을 열심히 하는 좋은 직원이라는 말을 들었다. 이처럼 어느 직장에서든지 이와 같은 자세로 일한다면 반드시 성공할 것이다. 무슨 일이든 최선을 다하면 항상 좋은 결과가 있다고 필자는 확실히 믿고 있다.

## 이상적 역할 모델을 보여주어라

미국의 42, 43대 대통령을 지낸 빌 클린턴은 "음악을 좋아하였지만 John Coltrane나 Stan Getz 같은 음악가가 될 수 없었을 것이고, 의학에 관심이 많아 좋은 의사가 되고 싶었지만 Michael DeBakey와 같은 의사는 될 수 없었을 것이다. 그러나 공직자로서 일은 잘할 수 있을 것임을 알았다(from Wikipedia)."라고 말했다. 그는 1962년 Boys Nation Senator로 백악관에 초청되어 당시 대통령이었던 존 F. 케네디를 만나서(옆 사진 참고) 꿈을 키웠고,

마틴 루터 킹 목사의 "I have a dream"이란 연설을 듣고는 깊은 감명을 받았다고 한다. 이러한 계기들이 공직에 나가 일을 하겠다고 결심하는 데 영향을 미쳤고, 그리하여 아칸소 주의 주지사를 거쳐 미국의 대통령이 된 것이다.

최근에 임명된 반기문 UN 사무총장도 1962년 충주고등학교 재학시절 미국 적십자사가 주관한 영어 웅변대회에서 입상하여 한국 대표로 미국을 방문하여 백악관에서 케네디 대통령을 만나고, 외교관이 되어 보겠다는 꿈을 꾸었다고 했다. 그 이후 외무고시를 통과하여 외교계의 최고 선봉인 외무장관이 되었으며, 세계 외교의 최고봉인 유엔 사무총장에 당선된 것이다.

이 책의 필자도 1974년 어린이날 전국에서 뽑힌 26명의 모범 청소년 중 경상북도 대표로서 전국 교육위원 회장으로부터 표창장을 받고, 청와대로 초청되어 육영수 여사와 만날 기회를 가졌다. 아마도 이때의 일이 미국에서 박사학위를 받고 교수가 되는 데 영향을 미쳤다고 볼 수 있다. 많은 유학생 부인들이 자기 아이 하나 또는 둘을 키우기도 벅차다고 하는데, 필자가 박사학위를 받을 때까지 아이 3명을 키우면서 공부할 수 있었던 것은 육영수 여사와의 만남을 통해 비전을 크게 가진 계기가 있었기 때문으로 생각된다.

이처럼 아이들에게 인생의 목표로 삼을 만한 사람들과 만나게 해주는 것은 미래를 설계하는 데 있어 큰 동기부여가 되리라 생각한다.

# 02.

# 왜 유학을 떠나려 하는가

## 이젠 한국 기업도 글로벌 인재를 원한다

필자가 살고 있는 달라스 지역은 미국에서 두 번째로 큰 high tech 도시인지라 미국 기업이 아닌 외국 회사들도 많이 상주해 있다. 어떤 외국 회사들은 수만 명의 직원을 고용하고 있기도 하다. 한국 기업도 여러 개 주재하고 있으며, 그 중에는 500여 명의 직원을 갖고 있는 한국 기업도 있다. 마찬가지로 한국에도 많은 외국계 회사들이 영업을 하고 있을 텐데, 고용인들은 본사에서 파견된 사람들도 있을 것이고 현지 고용인도 있을 것이다. 현지 고용인의 경우에는 본사에서 나온 사람들과 어느 정도의 대화가 통해야 할 터이고, 특히 고급 간부의 경우에는 늘 본사와 토론을 하여야 하니 단지 간단한 의사소통이 아닌 상당한 수준의 언어실력이 있어야 할 것이다. 국내의 한국 기업에서 일할 경우에도 마찬가지이다. 조금만 지위가 올라가면 외국 출장이 국내에서 근무하는 시간보다 더 많을 수도 있다. 제품 설명회라든지 마케팅 등 많은 분야에서 외국어가 필수요건으로 요구되고 있다. 물건을 팔기 위해서는 언어뿐만 아니라 문화도 서로 이해하여야 한다. 한국의 어느 대기업 회사에서는 영어 성적이 좋지 않으면 진급도 되지 않고, 외국 출장도 허가가 나지 않는다는 이야기를 들었다. 필자가 한국에서 중·고등학교에 다닐 때도 국어, 영어, 수학 이 세 과목이 중요하였는데, 이것은 오늘도 여전히 중요한 과목들이다. 미국에서도 SAT 등의 표준시험에서 영어, 수학만 보는 것을 보아도 이들 과목이 얼마나 중요한지 짐작할 수 있다. 특히 언어는 어릴 때부터 개발하는 것이 매우 중요하다.

필자는 미국의 한인 과학기술자협회(KSEA)의 루이지애나 지부와 북텍사스 지부에서 지부장을 여러 해 맡았는데, KSEA 지부에서 하는 일 중 중요 행사 하나가 삼성이나 LG 같은 대기업에 우수한 엔지니어를 연결시켜주는 일이었다. 이들 대기업들은 우수한 엔지니어를 확보하기 위해 호텔에서 식사자리를 마련하며 KSEA 지부에 사람들을 추천해달라고 부탁하기도 한다. 한국의 대기업들은 1년 내내 미국의 주요 high Tech 도시나 학교들을 방문하면서 좋은 인재를 뽑고 있는데, 이것은 우수한 인력이 그 회사의 성공여부를 결정하기 때문이다. 한국 내에서도 인재를 뽑고자 노력을 많이 하겠지만, 미국에서 다년간 좋은 기업에서의 경험이 풍부하고 독창적인 개발이 가능한 고급 인력을 발탁하여 고급 간부 내지 경력사원으로 채용하기 위하여 대단한 노력을 하고 있다. 미국에서 학위를 받고 대학이나 대기업에서 다년간 근무한 경력자들은 한국의 좋은 자리로 스카우트되어 모국을 위해 일할 수 있는 기회를 가질 수도 있는 것이다. 미국에서 공부를 하게 되면 이곳 미국에서 정착하여 살 수도 있고, 한국으로 돌아가 그곳에서 일할 수도 있으니 더 좋은 기회를 많이 가질 수 있다.

최근 들어 한국 기업들은 자본주의 사회의 기본인 보상제도가 잘 정립되어 가고 있는 것 같다. 새로운 아이디어로 신제품을 만들어 회사의 발전에 크게 기여한 사원에게는 적절한 보상으로 격려하고 있는 것이다. 창의성이 바로 인센티브에서 나온다고 보아도 과언이 아니다. 사실 인센티브가 없다면 그 조직은 성공할 수 없다고 필자는 생각한다. 미국의 대학은 회사와 같지는 않지만 봉급인상이나 강의 학점수를 많거나 적게 주는 등으로 업무에 대한 인센티브가 있다. 학과마다 교수의 급여가 2~3배 차이가 나고 같은 과내에서도 많은 차이가 있다. 미국에서 좋은 경험을 쌓은 후 한국 기업에 스카우트되어 가면 이런 인센티브를 받게 되어 좋은 지위로 갈 수 있는 것이다.

## 미국 유학 결정하기

미국에는 많은 외국 유학생들이 있다. 유학생을 많이 보내는 대표적인 국가들은 한국, 인도, 중국, 일본 등이다. 현재까지는 중국, 인도 등의 국가에서 유학 온 학생들이 거의 100% 미국에 정착하는 반면, 한국 유학생들은 상당한 수가 한국으로 귀국하고 있다. 미국은 여러 인종이 모인 곳이라 어느 나라보다도 외국인이 살기에는 좋은 곳이다. 한국에서 미국으로 유학을 와 있는 학생수는 약 8만 명 이상에 이르고 있다. 20년 전만 해도 박사학위를 받기 위한 대학원 유학이 대부분이었으나, 현재는 조기유학으로 어린 학생들이 많이 유학오고 있으며 고등학교를 졸업하고 학부로 유학을 오는 경우도 제법 늘고 있다. 미국의 한인 학부와 대학원 학생수가 5만 명이 넘는다고 하니 조기유학을 오는 학생수도 몇 만 명에 이르고 있는 실정이다. 한국의 신문을 보면 아이비리그 스쿨 같은 명문 대학으로도 제법 오고 있는 것 같다. 그런데 많은 학부형들은 이런 명문 대학만 학교인 줄 알고 그곳에만 초점을 맞추어 자녀 유학의 목표로 삼고 있는 것 같다. 한국의 몇몇 학교에서는 아예 미국 유학반을 만들어 완전히 미국 유학을 목표로 고등학교 교육을 하고 있기도 하다.

신문을 통하여 조기유학의 문제점들이 기사화되고 기러기 아빠들의 생활상들이 알려지면서 학부 유학이 조금씩 늘어가는 추세인 것으로 짐작된다. 조기유학으로 어린 나이에 부모와 떨어져 기숙사 학교, 친지, 또는 미국인 가정에서 홈스테이하며 혼자 지내게 되면 일찍이 독립심이 생기고 어른스러운 장점도 있을 수 있으나, 집이나 부모가 그리워져 정신적으로 어려움을 겪을 수도 있다. 필자는 중학교 3학년 때 담임선생님 댁에서 약 5개월 정도를 지낸 적이 있었다. 일요일마다 집에 가서 옷을 갈아입고 옷가지를 가져오곤 하였다. 같은 도시에 살면서 일주일에 한 번씩 집에 가는데도 집이 그리웠는데, 먼 외국까지 나가 있다면 그 그리움이 얼마나 더 심하겠는가. 그래서 보통 고등학교부터 있는 보딩 스쿨에 있지 않으면, 부모 한 사람은 같이 있어야 아이가 안정적으로 유학생활에 잘 적응할 수 있다고 본다. 그러나 이것 또한 쉬운 일이 아니다. 엄마가 아이와 같이 미국에 있고, 아빠만 한국에서 돈을 벌어서 보내고 있다면 이것 또한 많은 문제점이 있기 때문이다.

이 문제의 정답은 없겠으나, 여러 현실적인 문제를 고려한다면 그

대안으로 학부 유학을 하는 것이 좋지 않을까 생각하여 본다. 미국에서는 아이들이 고등학교를 졸업하고 대학을 갈 때 가능하면 집에서 멀리 가려고 한다. 집 가까이에 있으면 부모의 간섭을 받아야 하기 때문이다. 같은 도시에 있는 대학에 다녀도 아파트나 기숙사로 나가 살기 때문에 대학을 들어가는 즉시 집을 나가게 된다. 미국에 학부 유학을 하기로 작정하였다면 한국 대학으로의 진학을 포기하는 것이 좋다. 둘 다 같이 하기가 쉽지 않을 것이다. 만약 미국 학부 유학을 하기로 결정하였다가 미국 대학에 입학이 되지 않으면 어쩌나 하고 걱정을 할 수 있는데, 사실 미국에는 많은 대학들이 있어 어떤 학교든 입학하는 것은 그렇게 어려운 일이 아니다. 그리고 open admission이라고 하여 누구나 다 입학할 수 있는 대학들도 있어 어느 정도의 영어만 되면 어디든 들어갈 수 있고, 거기서 또 좋은 대학으로 편입하기도 쉽다.

유학을 계획한다면, 첫째는 학생 본인이 유학을 원해야 한다. 그러나 학생이 현재의 학업에 적응하지 못해 도피성 유학을 원할 수 있기 때문에 부모들은 자녀가 유학에 대한 각오가 되어 있는지 잘 확인해야 한다. 만약 열심히 해야겠다는 의지 없이 미국 유학을 한다면 한국에 있는 것보다 더 나을 것이 없다. 보통의 경우를 보더라도 한국에서 잘하는 아이는 아주 짧은 시간에 적응을 하여 미국에서도 바로 상위권에 드는 것을 보았다. 한국에서 공부를 잘 못하는 학생이라면 더욱 신중하게 결정을 해야 한다. 이 경우에는 확실한 본인의 의지를 알아보아야 한다.

둘째로, 유학을 갈 때는 유학생 비자를 받아 사립학교로 입학을 하여야 하니 재정적인 문제도 잘 고려하여야 한다. 학교의 종류에 따라 다르나 대충 연 4만 불 정도는 필요하다.

## 한국 교육이 어떠하길래

한 미국인으로부터 다음과 같은 질문을 받은 적이 있다. 자기 어머니가 캘리포니아의 로스앤젤레스 지역에서 ESL(English as a Second Language)을 가르치는 선생님인데 한국 아이들도 반에 많이 있다고 했다. 또 한국인 가정에 초청되어 가보기도 했는데, 모두들 실내에서 신발을 벗고 다니고(미국인들은 대부분 실내에서 신을 신고 다닌다), 자기가 나올 때에는 모두 밖에 까지 나와 전송을 하더라고 하였다(미국인들은 많은 경우 현관문에서 전송인사를 한다). 그런데 한국 아이들은 하나 같이 실내에서 뛰어다니고 말을 잘 듣지를 않는데, 한국 어른들을 보면 아이들에 비해 너무나 예의가 바르고 점잖아서 자라면서 어떻게 그렇게 바뀔 수 있는지, 몇 살 정도에서 바뀌는지 궁금하다고 필자에게 물어본 적이 있다. 사실 한국에서 이곳 미국에 온 아이들은 이집 저집 할 것 없이 공통적으로 아이들의 버릇이 좋지 않은 것 같다. 이것은 미국의 중류층 가정에서도 잘 볼 수 없는 현상이다. 이것을 제일 잘 알 수 있는 곳이 식당인데, 이곳에서 한국 아이들은 의자에 가만히 앉아 있지를 못하고 이리 저리 돌아다니기 바쁘다. 필자가 유학생 시절에 친구들이 식당에 가서 아이들이 너무 돌아다녀 제대로 식사도 못하고 돌아왔다는 이야기를 들은 적이 있다. 심지어 한국에 가서 보면 불고기집의 뜨거운 불판이 있는 데도 아이들이 뛰어다녀 어떤 일이라도 일어나지 않을까 가슴을 졸인 적도 있었다. 미국 식당의 경우에는 이런 경우를 거의 보기 힘들 뿐 아니라, 그런 경우에 부모들은 아이를 따로 불러내어 눈물을 흘릴 정도로 혼을 내는 경우를 보기도 한다. 한국 교육의 문제점은 각 가정마다 너무 자녀들의 기를 세워 준다고 체벌을 하지 않아 아이들이 버릇없이 행동하게 된다는 점이다. 공공장소에서 어떻게 해야 할지를 잘 모르는 것 같은데, 어려서부터 습관을 들이지 않으면 훗날 사회생활을 할 때 크고 작은 많은 문제점이 따를 수 있음을 명심해야 할 것이다.

한국 정부에서는 공부를 잘하는 학생과 못하는 학생의 차이를 줄이는 것, 즉 전체의 균형적인 발전을 위하여 평준화 정책을 도입하였다. 이와 같은 정책의 긍정적인 면도 많겠으나, 이런 경우 보통 하향 평준이 되어 최상위권 학생들의 수가 줄어들기가 쉽다. 이런 평준화 정책을 쓰면 일반적으로 전체 학업에 대한 평균이 올라가지 않고 잘하는 학생들의 수준이 오히려 떨어지게 되어 전체 학생들의 실력 차이가 좁혀질 수는 있어도 우리가 원하는 이상적인 사회, 즉 소수의 우수한 인재가 창조적으로 사회를 이끌어 가되 대다수의 사람들은 모두 맡은 일을 성실하고 정직하게 수행하여 전체 사회 시스템이 잘 돌아가는 사회를 바라보기가 어려워질 수도 있다. 그래서 아주 우수한 학생들을 선발하여 특별 교육을 시켜 더 잘할 수 있도록 해야 한다. 미국에서는 Gifted and Talented program이나 Magnet School, Science and Math School들이 이에 해당하는데, 최근 한국에서도 과학고, 외국어고, 국제고, 자립형 사립고, 외국인 학교 등 많은 변화의 바람이 불고 있다니 바람직한 현상이라 생각한다. 미국의 경우 앞에서 언급한 워싱턴 DC 근교의 Thomas Jefferson High School for Science and Technology에서는 졸업생의 40%가 미국 전체 1% 안에 들어간다.

아시아에서도 한국인들이 우수한 두뇌를 가졌다고들 한다. 한국의 경제가 급속하게 발전한 것을 보아도 그렇다고 볼 수 있다. 그러나 자세히 보면 모든 것들이 획일화되어 있고 독특한 것이 없는 것 같다. 무엇이 좋다든지 하면 한국인 모두가 좋아한다. 유행이 되면 너나 할 것 없이 따라가는 것 같다. 많은 예가 있지만 최근에 유행한 글루코사민의 경우 필자는 오래 전부터 관절에 좋은 약이라고 알고 있었는데, 어떻게 갑자기 유행을 탔는지 필자가 1년 전 한국 방문시에 약을 사다 달라는 주문을 많이 받은 적이 있었다. 그런데 지금은 유행이 지났는지 별로 부탁하는 사람이 없는 것 같다. 이런 획일화는 창조적인 사고를 도출할 수 없다. 즉, 고정관념에 휩싸여 있으면 새로운 것을 창조할 수 없는 것이다. 새롭고 또다른 것들을 인정해 주어야 하는데, 유행을 따라오지 않아 따돌림을 시킨다면 새로운 아이디어도 나오기가 쉽지 않다. 최고의 국가가 되기 위해서는 창조적인 사고가 필요하다. 또한 비판적인 사고도 필요하다. 만약 어떤 조직에서 비판이 없으면 그 조직은 썩게 될 것이다. 따라서 학교 교육에서부터 이 창의적인 사고와 비판적인 사고를 높게 평가하는 분위기를 조성하여야 할 것이다.

필자는 한국 교육을 잘 모르기에 정확히 무엇이 문제인지를 잘 모른다. 언뜻 보기에 너무 많은 과목과 모든 것을 다 잘해야 좋은 대학에 들어갈 수 있는 것 같다. 심지어 필자가 다닐 때에는 없었던 예체능까지 과외수업을 받는 아이도 있다니 경쟁이 너무 치열하다는 생각이 든다. 이런 교육에 대한 열성과 분위기가 자원이 없는 한국이 세계 경제의 강국 대열에 올라갈 수 있는 밑거름이 되고 있다는 것은 모두 인정을 하나 개인적으로는 너무 힘이 드는 것 같다.

한국의 중·고등학교는 왜 그렇게도 과목수가 많은가. 아침 일찍 학교에 등교하여 밤이 늦도록 공부를 하고 밤 10시가 넘어 귀가를 하니 어떻게 제대로 생각을 하며 청소년기를 보내는지 궁금하다. 만약 그것의 반 정도만 이곳 미국에서 한다면 상위권 학생으로 인정받고 좋은 대학에 들어가서 성공적인 삶을 살 수 있으리라 생각한다. 그래서 많은 학부형들이 너나 할 것 없이 조기유학을 보내려고 하는 것 같다. 한국에서 이곳을 방문한 분들의 이야기로는 한국 일반 고등학교의 시험문제가 쉬워 많은 학생들이 100점을 받으니 하나라도 틀리면 석차가 많이 떨어지기 때문에 외우고 또 외우고 하는데 하나만 실수를 해도 실망이 이만 저만 아니라고 한다. 필자가 보기에는 하나 틀리나 둘 틀리나 비슷하게 보이는데, 만약에 100점을 받기 위하여 쉬운 것을 계속 외우고 실수를 하지 않도록 연습하는 것이라면 시간 낭비가 아닌가 싶다. 새로운 도전을 하고 창의적인 연구에 시간을 보낸다면 바람직한 일이겠으나, 같은 내용을 반복하기만 한다면 국가적으로도 큰 손실이 아닐 수 없다.

즉, 한국에서는 많이 가르치기 위하여 그런지 모르지만 과목수가 너무 많은 것 같다. 그 많은 과목을 다 소화하려면 잠잘 시간이나 있을까 하는 의문이 든다. 최근 필수과목 선정 문제가 여론의 도마에 오른 것으로 알고 있는데, 너무 많은 과목수는 문제가 있다고 본다.

몇 년 전의 일이다. 한국 방문시에 친구 집에서 하룻밤을 보낸 적이 있었다. 저녁식사를 잘 대접받고 서로 이야기를 나누고 있는데 그의 부인이 11시 정도부터 보이지를 않아 손님 대접 준비로 피곤하여 잠시 방에 쉬러 간 줄로만 알았다. 그런데 12시 경에 딸아이와 같이 들어오는 것을 보고 나서야 학원이나 과외수업을 받고 오는 것임을 알았다. 아이는 과일을 조금 먹고는 다시 책상에 앉아 1시 정도까지 공부를 하다가 취침을 하는 것 같았다. 아침에는 7시가 좀 지났을 무렵에 등교하는 것을 보고 필자가 느낀 것이 많았다. 고3이면 혼자 인생을 생각하는 사색의 시간도 필요하고 내일의 어머니로서 건강한 신체발육이 필요한 나이인데 매일 1년 또는 몇 년 동안 이와 같은 생활을 지속해야 원하는 어느 정도의 대학을 간다니, 또 이렇게 몇 년간 지낸 후 대학에 가서는 계속 열심히 할 체력이 남아 있을지 걱정이었다. 모든 부모들이 아이들이 애처로워 제대로 꾸중 한번 하기도 힘들 것 같고, 늘 아이들 눈치를 보며 기분 좋게 해주려고 하겠구나 하는 생각이 절로 들었다.

학교 교육은 어떠한가. 대학들은 각 대학의 특징에 맞게 자율적으로 운영하도록 하는 것이 어떨까. 많은 교육학자들과 관계자들이 연구를 하고 있겠지만, 대학들이 알아서 잘하게 하고 그렇지 않으면 도태되는 시스템, 즉 시장경제원리를 따르는 것이 바람직하지 않을까 생각한다.

대학의 기부금 제도도 마찬가지이다. 대학들이 학생들의 수업료에 의존하여 운영을 한다면 제대로 된 시설과 좋은 교수진을 갖추기가 쉽지 않다. 그런데 한 가지 한국 대학이 바뀌어야 하는 것은 입학과 졸업에 관한 학사관리를 철저히 해야 한다는 점이다. 즉, 기부금을 내고 들어온 학생도 성적이 되어야 졸업이 되어야 하는데, 아직도 한국 대학에는 입학하는 학생들의 대부분이 성적과 관계없이 졸업을 하게 되니 기부금 제도에 대한 거부감이 많은 것 같다. 일류 대학에만 주로 적용이 되겠지만, 많은 기부금으로 형편이 어려운 학생들에게 장학금을 주는 데 사용하거나 학교 시설에 투자한다면 얼마나 좋겠는가.

몇 년 전 한국에서 강의를 한 적이 있었다. 운동을 하는 선수는 강의에 들어오지 않아도 선수권대회나 단체경기에서의 성적에 따라 전공과목의 학점이 주어지는 것을 보고 이런 일이 1960, 70년대의 그 모습 그대로 이어지고 있어 너무 놀라웠다. 어떻게 그 과목의 시험을 보지 않고 체육대회의 우승만으로 전공과목에서 A학점을 받을 수 있는가. 농구 과목에서 농구선수가 수업에 들어가지 않고 학점을 따는 것은 이해가 가지만 말이다. 만약 이러한 일이 미국에서 일어난다면, 좋지 않은 성적을 받은 학생들이 법정에 고소를 하는 등 공평성이 어긋나기 때문에 자기들도 A학점을 주어야 한다는 주장에 모든 학생들이 A학점을 받게 될 것이다. 미국 대학의 스포츠를 관할하는 NCAA(National Collegiate Athletic Association) 규정에는 성적이 어느 정도 이상이 되지 않으면 출전을 못하게 되어 있다. 학생으로서 가장 중요한 공부가 우선이고 스포츠는 그 다음으로 되어 있기 때문에 NCAA에 소속된 팀에서 출전하는 학생들은 NCAA의 규정에서 정해진 최소한의 평균학점 이상이 되어야 한다. 특히 구기 종목 중에서도 축구와 농구는 아주 인기가 있는 종목이라서 경기 결과에 따라 학교의 사기와 신입생의 입학성적이 달라질 정도이고 학교의 수입에도 큰 영향을 주는 종목이지만, 선수들의 성적이 따라가지 못하면 학교에서 출전을 못하게 한다. 그렇지 않으면 몇 년간 그 학교의 팀이 출전금지와 방송에 중계가 되지 못하는 벌칙을 받게 된다. 그래서 학교에서는 학기 중에 교수들로부터 선수 학생들의 중간성적을 자주 받아 보고 성적이 좋지 않으면 가정교사를 붙여 성적을 올리도록 한다.

몇 년 전 미국 대학에 다니고 있는 한국 학생이 한국 대학으로 전학을 하려고 하니 여러 대학에서 받아주겠다고 하는 경우가 있었다.

그 학생은 미국에서는 공부도 하면서 운동을 하여야 하니 연습시간이 부족한데 반해, 한국 대학들은 이름만 걸어 놓고 시간이 지나고 나면 대학 졸업장을 주니 한국 대학으로 옮기려고 했던 것이다. 그러나 대학에서 제일 중요한 것은 당연히 공부이다.

대학의 학생 선발은 대학의 고유 권한이다. 대학은 우수한 학교가 되기 위하여 수많은 노력을 해야 한다. 그들의 생사는 그들이 지고 가야 하는 것이다. 국가에서 모든 것을 조정한다면 사립대학을 없애고 모두 국립대학으로 하여야 하지 않겠는가. 필자의 견해로는 신입생 선발은 대학 자체에서 알아서 하도록 하는 것이 더 발전적이라 본다.

한국 교수들의 이야기를 들어보면 해마다 학생들의 실력이 떨어지는 것 같다고 한다. 기초실력이 전보다 많이 떨어져 대학에서 고등학교 수학을 다시 강의하게 된다고들 한다. 아마도 평준화의 산물이 아닌지 모르겠다. 학생들의 인성교육도 잘되어 있지를 않아 대학에 와서 인성교육이 어느 정도 되어야 학년이 높아질수록 학생들의 행동이 더 좋아진다고 한다. 이것은 아마도 많은 아이들이 부족한 것 없이 귀하게 자라고 매너, 인간관계 등 사회성 교육을 제대로 접할 기회가 없어서 인 것 같다. 그리고 인성, 교양, 봉사 활동, 체육의 여러 교육 활동 중 오로지 교과목 위주의 공부만 강요한 결과가 아닌가 싶다.

한국 신문에서 의료 문제에 관한 기사를 읽은 적이 있다. 놀랍게도 치과에서 피가 묻은 기구들을 앞사람이 사용한 것을 다음 환자에게도 사용하는 치과병원이 있다고 한다. 또 위 내시경을 한 스코프를 제대로 씻지도 않고 대충 청소를 하여 다음 환자에게 다시 사용하기도 한다고 하니 환자들이 병원에 가기를 두려워한다는 기사였다. 미국에서는 치과의 경우 각 환자마다 한 세트가 있어 한 환자가 나가면 다른 환자에게는 새 공구 한 세트가 나오게 된다. 최근 필자가 위 내시경을 하면서 간호원에게 스코프를 어떻게 세척하는지를 상세히 물어보았다. 본인들은 위 내시경과 colonoscope를 각각 8개씩 가지고 있으며, 기관에서 한 번씩 검사를 나오고 세척과정을 상세히 설명을 해주며 철저히 세척한다고 하였다.

이러한 한국의 의료 문제점들은 일원화된 의료보험제도에서 온다고 본다. 현 의료보험제도 하에서는 수익을 추구하는 방법이 제한되어 있는 개인병원의 특성상 그런 사건이 발생했을 가능성도 있다. 모든 일에는 장단점이 있기 마련인데, 교육만큼은 일원화가 아닌 다양성이 있어야 한다고 본다.

공부를 잘하는 아이에게는 더 잘할 수 있도록 격려와 차별화된 교육환경을 조성해주고, 조금 처지는 학생에게는 그들의 수준에 맞는 교육을 제공하여 나중에 성적이 향상된다면 더 높은 교육을 받을 수 있도록 길을 열어두는 것이 바람직한 교육제도가 아닐까.

## 미국 학교는 어떠한가

미국 학교가 많이 사용하고 있는 단어를 하나 들라고 하면 다양성일 것이다. 어디에서든지 하나로 획일화가 되면 새로운 창조가 있을 수 없고, 그냥 따라가게 되어 발전이 없다. 필자의 학과에서 한번은 세미나가 있었다. 약 40~50명의 사람들이 참석했는데, 세미나를 마치고 질문하는 시간에 참석한 대기업의 백인이 여기는 어떻게 마이너리티(소수인종)가 없느냐고 불평조로 따지는 것을 보았다. 미국에서 마이너리티라 함은 주로 흑인과 히스패닉을 뜻한다. 미국에서 아시아인은 전문직에 많이 종사하고 있어 여기서 말하는 소수인종에는 포함이 되지 않는다. 이처럼 인종간에도 다양한 것을 추구하고 있다. 많은 대학들이 가능하면 많은 국가와 민족의 학생 분포를 원하고 있다. 아시아인들의 높은 교육열로 인하여 요즘 미국의 명문 대학들은 아시아계의 비율이 높다. 하버드는 18%, 스탠퍼드는 25%, UC 버클리는 40% 등이어서 명문 대학 입학에는 사실 아시아인들끼리 경쟁한다고 보아도 무방하다. 공부가 조금 뒤져도 다양성을 위하여 학생들의 인종 분포를 골고루 하는 정책은 바람직하다고 본다.

미국 대학의 특징은 어떤 한 분야에서 우수하면 입학을 허용한다. 특히 MIT 같은 학교는 수학이나 과학에서 우수하면 다른 성적이 높지 않아도 선발한다고 한다. 필자의 이웃에 살던 Daniel의 경우에도 성적은 상위권이 아니었지만 MIT에 입학하였는데, 그는 컴퓨터를 잘하여 미국 대표로 Computer Science 올림피아드에 출전한 경력이 있었다. SAT는 언제든지 여러 번 마음대로 볼 수 있는데, 이 아이는 12학년에 대학을 진학하기 위하여 마지막으로 볼 수 있는 SAT 시험에 처음으로 응시하여 시험을 보러 가는 도중에 교통사고를 냈다. 때마침 필자의 아들이 운전을 하고 시험을 보러 가다가 목격했는데, 그 아이의 아빠가 보기에 다른 아이들은 11학년인데도 시험을 보는데 자기 아들은 12학년에 처음으로 시험을 보러가다가 사고까지 냈으니 얼마가 화가 났겠는가. 처음으로 시험을 보고자 하다가 그날 사고까지 냈으니 아마도 좋은 SAT 성적을 받았다고 볼 수 없었으나, MIT에 합격한 것을 보면 필자의 주장이 옳다고 본다. 지금은 University of California at Berkeley에서 박사과정을 밟고 있다.

미국 학교에서는 실내에서는 뛰어다니지 못하게 하고, 친구를 부를 때에는 작은 소리로 부르든지 가까이 가서 불러야 하지 멀리서 큰 소리로 부르지 못하게 한다. 또한 남의 몸과 부딪치는 것을 피해야 하며, 딴 사람과 부딪치게 되면 미안하다고 하는 것이 예의이다. 이처럼 남에게 피해를 주는 것을 삼가도록 교육을 시킨다. 한국에서는 인구 밀도가 높은 관계로 보통 부딪치면서 생활하지만 이곳의 문화이니 미국에서는 미국의 문화를 따를 수밖에 없다. 특히 미국 사립초등학교에서는 식사할 때에 팔을 식탁 위에 올리지 않으며, 소리 나지 않게 입을 다물고 음식을 씹고 음식을 집을 때에는 서빙 스푼 등을 사용하는 등의 기본예의를 잘 가르치는 것 같다. 미국에 조기유학을 보낼 때 이런 점을 잘 가르쳐서 보내면 다른 아이들에게서 따돌림을 당하지 않고 잘 어울릴 수 있을 것이다.

미국의 초·중등학교를 보면 어려서부터 책을 많이 읽게 하는 것이 큰 특징이다. 책을 읽고 독후감을 쓰고 발표를 하게 함으로써 읽은 내용을 잘 요약하는 기술을 습득하게 하고, 발표력을 향상시켜 준다. 현대 사회는 자기가 가지고 있는 것을 잘 알리는, 즉 광고와 마케팅이 아주 중요한데 어릴 때부터 이런 훈련을 잘 시키는 것 같다. 여기 한국 유학생 사이에서도 미국 학생들과 같이 프로젝트를 한다든지 토론을 해보면 일반적으로 미국 학생들은 아는 것은 별로 없는 것 같은데도 많이 아는 것처럼 잘 나열하고 의견이 많다고들 한다. 그렇다면 한국 학생들은 어떤가. 질문할 것이 있어도 하지 않고 그냥 있는 것이 언어에 문제가 있어서 뿐만 아니라 한국에서 받은 교육의 영향인 듯하다. 본인이 알고 있는 지식을 남에게 잘 전달하여 남으로부터 그것을 알고 있다는 사실을 알리는 것은 중요하다. 즉, 자기 자신을 잘 표현해야 한다. 미국 학생들의 경우에는 어릴 적부터 많은 양의 독서와 프로젝트의 산물로 발표력이 우리들보다 더 나아 보인다. 미국의 교육이 발표력을 키워주는 프로젝트를 많이 하기에 비즈니스도 잘하리라 본다.

모든 성공과 실패는 비즈니스를 얼마나 잘하느냐 못하느냐의 결과에 상당 부분 달려 있다. 물건의 성능, 즉 질이 좋아야 하는 것은 당연하지만 이것보다 더 중요한 것은 사람들의 뇌리에 좋은 이미지를 심어주는 광고이다. 지난 2002년과 2006년의 월드컵, 2004년 올림픽에서 한국 기업들이 수조 원의 돈을 들여 광고를 하는 것을 보면 잘 알 수 있다.

미국 학교에서는 어릴 때부터 프로젝트를 많이 하는데, 선생님으로부터 과제를 받으면 계획을 세워 인터넷 등을 통하여 자료를 정리하거나 직접 사람들과 인터뷰를 하든지 무엇을 만들어서 발표하게 한다. 많은 경우 몇 명이 같이 프로젝트를 하기 때문에 어려서부터 여러 명이 같이 함으로써 팀워크를 배우게 되고 창의성을 개발하게 된다. 학교의 과제물은 단지 문제를 푸는 것이 거의 없고 이런 프로젝트를 하기 때문에 과제물을 하는 데 시간이 많이 소요되며, 보다 더 잘하기 위해서는 끝없이 과제들을 해내야 한다. 따라서 한국 아이들이 미국 학교로 유학을 오면 이와 같은 과제물을 잘하기가 쉽지 않기 때문에 좋은 학점을 받기가 쉽지 않다.

## 세상은 어떤 인재를 필요로 하는가

기업에서 제품을 생산한다면 이제는 그 지역에서만 필요로 하는 물건을 생산하는 것이 아니라, 전세계가 필요로 하는 제품을 생산하려고 한다. 이제는 글로벌 시대이다. 조그마한 공장도 다른 나라의 제조업자와 경쟁을 하여야 하므로 많은 정보와 기술적인 수준이 세계적이어야 한다. 그래서 아직까지도 세계를 리드하고 또 많은 물건을 소비하는 미국에서 경쟁력을 갖춘 사람들은 다른 국가에서도 필요로 하는 인재가 되는 것이다.

한국은 지난 몇 십 년의 짧은 기간 동안에 세계 어느 나라에서도 찾아보기 힘들 정도로 경제가 급속히 발전했다. 그리하여 이제는 미국에 살고 있는 한인들의 위상 또한 매우 높아졌다. 한국 제품의 품질이 높아지면서 한국인에 대한 인지도도 좋아졌는데, 이것은 많은 기업인들의 피나는 노력의 결실이다. 필자는 한국에서 중소기업이든 대기업이든 기업하는 분들에게 늘 감사하는 마음을 갖고 있다. 한국의 기술이 이렇게까지 우리의 상상을 초월할 정도로 급속히 발전한 배경에는 1970년대에 미국에서 조직된 재미 과학기술자협회(KSEA)가 미국에서 공부한 많은 재미 과학자들을 네트워킹하여 1980년대에 한국으로 보낸 것도 큰 몫을 차지한 것 같다.

이제는 어느 한 기업이 단지 한 국가의 기업이라기보다는 다국적 기업으로 보아야 한다. 예를 들어, 한국의 대표적인 기업인 삼성전자의 경우 외국인이 가지고 있는 주식 보유량은 50% 이상이다. 이런 다국적 기업에서 일을 하려면 당연히 국제 공통언어인 영어로 의사소통을 해야 하고 영어가 어느 수준 이상이어야 할 것이다. 물론 어느 정도의 지위에 있는 사람을 두고 하는 이야기이지만, 다른 국가에 가서 물건을 팔 경우에도 마찬가지이다. 이런 시대 상황에서 어떤 능력을 갖춘 사람이 더 경쟁력이 있겠는가.

미국을 잠시 다녀간 분들이 미국은 인종차별 때문에 살 곳이 못 된다는 이야기를 하곤 한다. 필자가 경험한 바로는 인종차별은 어느 곳이나 있는 것인데 미국은 다른 국가에 비해 그렇게 많지 않다고 느끼고 있다. 예를 들어, 직장에서 사람을 뽑을 때도 그 직장에 가장 적합한 사람을 뽑아 그 회사가 더 잘되기를 원한다. 그렇기 때문에 미국 시민권자이니까 뽑아주고 외국인이니까 안 뽑아준다는 것은 보통 경우에는 맞지 않다. 회사 또는 대학이 살아남기 위해서나 더 성장하기 위해서는 경쟁력이 있는 직원이나 교수를 뽑는 것은 당연하기 때문이다. 필자는 교수 채용이나 종신직 교수 평가위원회 등의 활동을 통하여 이러한 상황을 많이 경험하였다. 이제는 세계가 하나인 글로벌 시대이다. 이에 맞는 대응전략을 세워야 한다고 본다.

한국 교육과 미국 교육을 비교해 보면, 고등학교까지는 한국 학생들의 수준이 높다고 생각한다. 그러나 대학을 마칠 쯤에는 미국 대학생들의 수준과 거의 비슷하고, 박사과정을 마칠 때에는 판이한 차이를 나타낸다. 수학과 관련된 예를 들어 보면, 한국에서 제일 좋은 대학의 수학과는 들어가기가 그렇게 쉽지 않다. 거의 최상위 수준은 되어야 입학이 된다고 생각하는데, 그렇다면 왜 한국인 중에는 유명한 수학자가 없느냐 하는 것이다. 매스컴에서는 한국의 중·고등학생들이 세계 수학경시대회에서 최상위권을 차지하고 있고 세계에서 머리가 아주 좋은 국민이라고 떠들고 있다. 그러나 필자의 조사에 의하면 미국의 좋다하는 5개 대학인 하버드, 예일, 프린스턴, MIT, 스탠퍼드 대학에서 한국인 이름으로 보이는 교수를 수학과에서는 한 명도 찾아볼 수 없었다. 수학은 보통의 경우 종이와 연필과 머리만 있으면 되지 않는가. 세계 최고의 실험시설을 요구하는 것도 아닌데 왜 그럴까. 미국의 유명한 대학에서 왜 한인 수학과 교수는 보이지 않는가. 한국에서 한때 수학과는 공부 잘하는 학생들이 들어가는 곳이기에 특별한 취미가 없어도 성적이 좋으니 당연히 커트라인이 높은 수학과를 지원했으므로 그럴 수도 있다. 또 한국 교육의 문제점, 즉 사고력과 이해력에 대한 것보다는 암기 위주의 교육을 받았기 때문에 그러한 것이라 추측해본다. 미국에서는 공부를 아주 잘하는 학생들이 졸업 후 취업도 잘되지 않고 취업이 되더라도 봉급이 아주 적은 학과를 지원하는 경우를 많이 보게 된다. 돈을 많이 벌기 보다는 자신이 공부하고자 하는 목표가 뚜렷한 학과를 선택하는 것이다. 바로 이런 점이 그들이 개인적으로 훌륭한 업적을 내거나 사회에 크게 이바지하게 되는 원동력인 것이다.

다음 명문 대학 편에서 언급하겠지만 우수 대학들은 자기들의 졸업생이 사회와 국가가 필요로 하고, 또한 세계가 필요한 일꾼을 양성하려고 한다. 즉, 모든 면에서 뛰어난 리더를 배출하려고 하는 것이다. 과학자는 창의력으로 새로운 것을 개발하고 발명하여 인류의 생활을 윤택하게 하고, 정치가는 좋은 법안을 만들어 국민들을 더 공평하고 불평 없이 만족하게 하며, 예술가는 예술가대로 각기 다른 사람들에게 좋은 영향을 미치는 그런 사람이 우리가 필요로 하는 인재일 것이다.

# 03.

## 미국 학교의 교육

### 미국 학교의 시스템

미국은 지방자치가 잘되어 있어 county(한국에서의 군에 해당한다)마다 학교 교육 시스템이 다르기 때문에 한마디로 정의할 수가 없다. 즉, 개학이나 방학기간, 봄방학의 유무 등이 다르고 학교의 분류도 다 다르다. 그래서 미국에서는 한국에서 중학교 3학년 같으면 중3이라고 하지 않고 9학년이라고 말하며, 보통 몇 학년에 자기가 다니고 있다고 표현한다. 미국의 의무교육은 유치원(kindergarten)부터 시작하여 12학년까지이다. 한국에서 말하는 교육청은 각기 카운티 이름에 Independent School District라 부른다. 즉, 텍사스의 달라스 경우에는 DISD(Dallas Independent School District) Office가 달라스의 교육청이 된다. 이곳에서 유치원부터 12학년까지의 모든 학사일정과 학생관리 등을 취급한다. 어떤 지역에서는 초등학교가 k부터 5학년까지이고, 어떤 곳은 k에서 6학년까지이다. 중학교 역시 6에서 8학년 또는 7에서 9학년, 고등학교는 9에서 12학년 또는 10에서 12학년이다. 많은 경우에는 k에서 5, 6에서 8, 9에서 12로 되어 있고, 지역에 따라 고등학교를 9에서 10학년이 junior high로, 11에서 12학년을 senior high로 구분하기도 한다.

필자가 앞에서도 언급하였듯이 미국은 너무나 다양하여 한마디로 말하기가 어렵다. 필자가 사는 지역의 신문인 Dallas Morning News에 나온 경찰의 평균수입의 예를 들어 보겠다. 인접하고 있는 도시간의 경찰 초임을 보면 달라스는 38,640불이고 3년차는 45,933불이다. 필자가 살고 있는 달라스에 인접해 있는 플레이노는 초임이 47,102불이고 3년차의 경우는 63,514불이다. 3년차의 평균연봉 차이가 17,600불인데, 이처럼 같은 경찰이라도 지역에 따라 연봉이 1.4배나 차이가 난다(Dallas Morning News, 2006년 2월 5일자). 한국에서는 각 시·도간 경찰의 연봉이 이처럼 차이가 나는 일은 있을 수 없을 것이다. 그러나 미국에서는 전혀 이상한 일이 아니다. 월급을 더 받고 싶으면 많이 받을 수 있는 곳으로 옮기면 되고, 가고 싶어도 갈 수 없으면 자신의 능력이 모자라서 그런 것이니 당연한 것으로 여기고 더 실력을 쌓으려고 노력하면 그만인 것이다. 이처럼 미국은 사회 전반에 다양성의 원리가 적용되고 있으며, 개인은 이를 당연한 것으로 받아들이고 경쟁한다. 이런 사실 또한 이해하고 미국 유학에 임해야 할 것이다.

미국의 학기는 보통 가을에 시작하고 봄에 끝이 난다. 이 또한 지역에 따라 많이 다른데, 8월 중순에 시작하거나 9월 초에 학기가 시작되어서 5월이나 6월에 학년이 끝이 난다. 그래서 유학을 가는 학생들은 가는 곳의 개학날을 잘 알아두어야 한다. 학교에 제출하여야 할 서류도 있을 것이고, 그 지역에 잘 적응하기 위하여 여유 있게 도착할 필요가 있다. 가을 학기부터 시작하는 것이 가장 바람직하나 봄 학기부터 시작해도 된다.

미국 대학의 학기 제도는 두 가지가 있는데, 하나는 semester 제도이고, 다른 하나는 quarter 제도이다. Semester는 가을, 봄, 여름 학기로 운영되고, 각기 16주간으로 되어 있으며 여름은 12주로 운영된다. Quarter 제도는 가을, 겨울, 봄, 여름의 4학기로 운영되는 제도인데, 대부분의 학교들이 semester 제도이고, 캘리포니아 대학들은 quarter 제도를 채택하고 있다.

## 공립학교, 사립학교

미국의 학교는 초등학교부터 고등학교까지는 한국과 마찬가지로 공립학교와 사립학교로 크게 둘로 나눌 수 있는데, 이외에도 집에서 아이들을 가르치는 홈스쿨링도 있다.

공립학교는 카운티, 즉 군이나 시에서 운영하는 학교로 유치원부터 고등학교까지 수업료가 전혀 없고 교과서도 무료로 지급된다. 점심 식사는 부모의 수입에 따라 무료와 반액, 전액으로 나누어진다. 필자의 경우에는 아이들 세 명 모두 공립학교를 다녔기 때문에 돈을 들이지 않고 교육을 시켰다. 프로젝트 등을 할 때에 필요한 학용품들이나 책을 사는 경우에도 도서관에서 빌려서 볼 수 있었다. 어느 곳이든

시립도서관들이 잘되어 있으니 도서관 대출증을 하나 만들어 아이들과 정기적으로 도서관을 이용하는 것도 좋다. 이 대출증은 외국인이라도 신분증을 보여주면 누구든지 만들 수 있다. 도서관에서 CD나 그림들도 빌려주므로 매달 새로운 그림을 거실에 바꾸어 걸어둘 수 있어 돈 안들이고 새로운 분위기를 만들 수도 있다.

공립학교는 일반적으로 모든 인종의 아이들이 다니기 때문에 다양한 친구들을 사귈 수 있다. 그 지역이 부유한 동네이면 어느 정도 부유층의 아이들이 될 것이고, 가난한 동네이면 가난한 가정의 아이들이 될 것이다. 아이들이 누구와도 다 잘 어울릴 수 있는 그런 성격의 소유자가 되어야 어른이 되어서도 어려움 없이 생활할 수 있다. 어떤 인종이나 민족을 따지지 않고 잘 어울릴 수 있다는 것은 직장생활, 즉 사회생활을 할 때에도 큰 도움이 될 것이다. 여담으로 필자의 아이들은 댄스파티나 고등학교 12학년 때 가는 Prom에 백인, 흑인, 중국인 등 차별 없이 파트너로 데려가곤 하였다.

사립학교는 보통 종교단체에서 운영을 하는 경우가 많은데, 학비가 월 1,000불에서 2,000불 사이로 보면 된다. 부모의 경제력에 따라 장학금도 주기 때문에 외국인이더라도 신청을 하면 혜택을 받을 수 있다. 많은 사람들이 사립학교가 더 공부를 잘 시키고 투자한 만큼의 가치가 있을 것이라 믿고 있는 것 같은데 꼭 그런 것은 아니다. 각 도시마다 그 도시의 크기에 따라 한두 개에서 몇 개의 좋은 사립학교는 학업을 잘 시키고 있고, 또한 해마다 졸업생들을 좋은 대학에 진학시킨다. 이런 학교들은 입학도 어려울 뿐더러 보통의 사립학교보다 학비도 더 비싸다고 보면 된다. 만약 고등학교까지 있는 학교라면 지난 2~3년간 졸업생들이 어떤 대학에 진학하였는지를 보면 그 학교가 어느 수준의 학교인지 쉽게 알 수 있다. 보통 좋은 사립고등학교는 입학원서를 낼 때에 SSAT(Secondary School Admission Test)나 ISEE (Independent School Entrance Examination) 성적을 첨부하여야 하므로 이러한 시험을 준비해야 한다. 11학년을 뽑는 경우에는 SAT를 요구하는 학교도 있다.

달라스 지역에 있는 좋은 사립고등학교의 입학서류를 보면 입학원서, 원서료, 부모 및 학생 질의서, 학생 인터뷰, 영어 및 수학 교사평가(evaluation), 교장 추천서, ISEE 성적 등이 포함되어 있다.

미국 동부의 명문 보딩 스쿨들은 상당히 많은 졸업생을 아이비리그나 명문 대학에 진학시킨다.

예를 들어, 부자가 모두 대통령을 지낸 부시 부자는 똑같이 Phillips Andover Academy 보딩 스쿨을 졸업하고 예일 대학을 졸업하였는데, 이 학교는 1년에 하버드나 예일 대학에 각각 15명 정도씩 진학시키고 있다. PrepReview.com의 자료에 의하면 이 학교의 평균 SAT 성적은 1,349점(critical reading과 mathematics의 경우)으로 나와 있다.

미국 고등학교 졸업반의 2006년도 평균 SAT 성적은 CollegeBoard.com에 1,021점으로 나와 있다. 그리고 보딩 스쿨 랭킹 1위에서 15위까지의 학교가 아이비리그와 MIT 및 스탠퍼드 졸업생의 40%에서 18%가 들어가고, 보딩이 아닌 Day School의 1위에서 15위까지 랭킹에 든 학교에서는 46%에서 26%까지 아이비리그, MIT 및 스탠퍼드로 보낸다니 그 위력이 대단하다 할 수 있다. 이처럼 동부의 좋은 사립학교에 입학을 하는 것은 어떻게 보면 명문 대학 입학의 지름길이기도 하다.

모든 사립학교들이 공립학교보다 학업에 더 중점을 두는 것은 아니다. 하지만 사립학교들이 매너 교육은 철저히 하는 것 같다. 우리가 살아가면서 매너는 얼마나 중요한지 모른다. 우리의 생활이 모두 다른 사람들과의 사회생활이므로, 매너가 좋지 않으면 다른 사람들과 좋은 관계를 맺기가 쉽지 않다. 속담에 세 살 버릇 여든까지 간다는 말이 있지 않은가. 일찍부터 남을 배려하고 같이 살아가는 법을 몸에 익혀 놓는 것은 아주 중요하다. 미국 공립학교에서도 매너 교육을 잘 시키는 것 같으나, 식사하는 것을 보면 그 사람이 공립을 나왔는지 사립을 나왔는지 알 수 있다는 말을 들어본 적이 있다. 최근에 들은 이야기인데, 한 사립학교에서는 학생들이 컵에 있는 음료수를 빨대로 빨아 먹을 때에는 조금 남기라고 가르친다고 한다. 그 이유인즉 마지막까지 먹게 되면 소리가 나기 때문이라고 한다.

미국에서는 식사 중에 소리를 내면서 먹는다든지 트림을 하는 것은 결례이다. 음식을 덜어 먹을 때도 자기가 사용하는 수저로 음식을 담아오면 안된다. 요즘은 한국도 많이 바뀌었지만 한 그릇에 같이 숟가락을 넣어 먹어야 더 정이 있고 단결이 잘되는 것으로 여기던 시절이 있었다. 글로벌 시대에 사는 우리들도 이제는 다른 문화를 이해하고 좋은 점들은 받아들여야 할 것이다.

이와 같이 다른 사람들과의 관계가 매우 중요한데, 한국의 가정에서도 매너와 인간관계 등 사회성 교육에 더 중점을 두어야 할 것 같다. 자기 자식이 최고인 줄 알고 남이 간섭하는 것을 싫어하며 기를 세워야 한다고 믿는 부모들이 일부 있는데, 독불장군은 사회생활에서 특히 팀워크가 강조되는 직장생활에서는 살아남기 힘들다. 그러므로 어릴 때부터 가정에서 예절교육을 잘 시켜 남을 배려할 줄 알도록 가르쳐야 한다. 아직도 공공장소나 특히 식당에서 아이들이 이리저리 돌아다니는 것을 보면 한국의 가정교육과 가치관이 많이 바뀌어야 한다고 생각한다.

## 영재교육

한국의 교육부에서는 중고생 위주의 학급단위였던 영재교육을 초등학교까지 포함하고, 그 수도 대폭 확대하여 영재들을 위한 특수교육의 혜택이 전체 학생수의 0.5% 또는 약 4만 명에 이르도록 할 것이며, 대상 분야도 과학 위주에서 예술·정보통신까지 포함한다고 발표한 적이 있다. 현재 한국에는 81개 초·중등학교 17개 학급과 36개 시·도교육청 영재교육원, 15개 대학부설 과학영재교육원에서 1만여 명이 과학영재교육을 받고 있다. 전국에 56개의 특수목적고등학교와 자립형 사립고등학교가 있으며 총학생수는 1만2천여 명이나 된다. 서울에 있는 6개의 외국어고등학교와 2개의 과학고등학교의 대학 입학 결과를 보면 다른 학교들과는 비교가 되지 않을 정도로 좋다. 최고의 학생들이 입학을 하기도 했겠지만 학교가 암기 위주의 단순한 점수를 잘 따기 위한 학업이 아니라 학생들의 창의력과 개인의 능력을 발휘할 수 있는 교육 시스템을 제공했기 때문에 많은 학생들이 한국의 명문뿐만 아니라 미국의 명문 대학에도 입학할 수 있었을 것이다. 좋은 학생들을 선발하여 우수한 교육환경을 제공한다면 당연히 국가 경쟁력에도 큰 도움이 된다.

영재교육의 기회가 양적으로 늘어남에 따라 최근 초등학생을 중심으로 영재교육 과열조짐이 나타나고 있어 사회의 관심사로 떠오르고 있다. 보다 많은 학생들이 영재교육을 받을 수 있다는 것에 대해 좋은 반응을 보이는 한편, 과열된 영재교육의 부작용으로 또다시 획일적 평등으로 되돌아가지 않을까 하는 우려도 나오고 있다. 대부분 나라에서 시행하고 있는 영재교육(Gifted and Talented program)의 대표적인 예로 이스라엘을 들 수 있다. 이스라엘에서는 전국에서 1~3%의 학생을 뽑아 특수학교에서 다양하게 교육을 시켜 호기심과 창의력을 키운다. 세계 인구 중 극소수에 불과한 유태인이지만 모든 활동 분야의 지도자 중 거의 10%를 차지하고 있으며, 노벨상 수상자 중 경제, 의학, 물리학, 화학, 문학 등에서 많은 수가 유태인이다. 가정교육과 함께 중앙정부에 의한 철저한 영재교육이 그 밑바탕이 된 것이다.

미국은 1957년 소련의 Sputnik 인공위성 발사에 자극을 받아 수학·과학 영재교육에 관심을 갖고 다양한 교육과 과외 활동을 실시해 왔으며, 인간교육 중시의 전인교육 아래 사회에 공헌할 수 있는 영재를 키워왔다. 텍사스나 조지아 주에서는 TAG(Talented And Gifted), 루이지애나 주에서는 GT(Gifted and Talented)라 부르는 이 프로그램은 보통 3세 또는 유치원생부터 참여할 수 있는데 학교 선생님의 추천이나 학부형이 원하면 자녀를 테스트하도록 스쿨 보드에 신청할 수 있다.

루이지애나의 경우 몇 개의 지정된 공립학교의 한 학급을 Gifted 또는 Talented로 편성하여 비교적 다양하고 능력에 따른 소그룹 중심의 교육을 하고 있다. 몇 년 전까지만 해도 유학생의 자녀 등 영어를 모르는 외국 아이라도 통역이 있으면 심사(screening)를 해주었는데,

이제는 영어로 의사소통이 가능해야 테스트를 받을 수가 있다. Gifted 시험에서는 필자가 통역으로 스쿨 보드에서 봉사하기도 했는데 IQ 테스트와 비슷한 형식의 문제들을 통해 첫 번째 심사 과정을 거치고, 두 번째 시험인 수학과 영어시험에서 학생의 현재 수준이 평균학년 수준보다 높다는(2~3년 정도) 것만 증명할 수 있으면 된다. 예체능에서 뛰어난 학생을 뽑는 Talented 프로그램도 마찬가지로, 학교에서 선생님이 추천하거나 학부형이 서면으로 신청을 하면 심사가 가능하다.

현재 필자가 살고 있는 플레이노 학군에서는 PACE란 이름으로 대개 한 학기에 한 번씩 추천과 심사 기회가 주어지며 일주일에 몇 번씩 따로 특별 교육을 받는다. 공립학교 교육의 질적 문제로 골머리를 앓고 있는 교육부의 프로그램 중 가장 효과적인 것 중의 하나가 이 Gifted and Talented 프로그램이라 하겠다. 일단 이 프로그램에 들어가게 되면 정규 프로그램의 학생보다 1~2년 정도 높은 수준의 수업을 받게 되므로 학교 성적도 상위권에 있게 되고, 대학 진학 때에도 여러 가지로 유리하다. 저학년일 때에 Gifted 프로그램에 들어가기가 고학년일 때보다 쉬우므로 미리 준비해 주는 것이 좋다. 필자가 보고 경험한 바로는 저학년의 경우에 자녀들의 학업 성적은 거의 보호자의 관심과 열의에 달려 있다고 해도 과언이 아니다. 자녀들에게 높은 수준의 교육과 알찬 학교생활을 위해 Gifted and Talented 프로그램에 보내기를 권하고 싶다.

영재교육이란 말이 주는 어감처럼 거창하게 특별한 학생만을 뽑아서 특수교육을 시키는 것이 아니라(전체 학생 중 0.5~5%는 영재라고 표현하기에는 많은 숫자이다), 또래 학년보다 조금 앞서가는 아이들에게 다양한 기회를 주는 것으로 거기서 얻는 효과는 대단하다. 실제로 필자의 아들이 다녔던 Baton Rouge Magnet High School의 경우 최근 4~5년간 이 학교 졸업생이 해마다 미국 전체에서 40여 명 정도 선발하는 Rhodes Scholar나 Marshall Scholar에 포함되는 것을 볼 때, 이러한 영재교육의 효과는 대단하다고 생각한다.

따라서 조기유학을 오는 경우에는 가능하다면 Gifted and Talented 프로그램이나 Science and Math 등 특수학교에 보내기를 강력히 추천한다. 그런 프로그램에 들어가 있으면 어느 잘하는 아이들처럼 잘할 수 있다. 이것은 필자가 한국에서 학교를 다닐 때에 좋은 중학교에만 입학하면 보통의 경우 학업 분위기에 이끌려 좋은 대학을 가는 경우와 비슷하다고 보면 된다.

## 장학금 수혜

조기유학을 가는 경우 부모가 합법적으로 거주할 수 있는 유학생, 소액 투자자, 주재원 등의 신분이 아니면 대부분 사립학교에 보내게 된다. 사립학교는 보통의 경우 종교단체에서 운영을 하고 있고, 학비가 월 1,000불에서 2,000불 사이이다. 부모의 경제력에 따라 장학금을 외국인에게도 주기 때문에 외국인이라도 신청을 하면 혜택을 받을 수 있다.

미국 대학의 장학금은 한국 대학과는 많이 다르다. 장학금을 주는 기준은 크게 두 가지로 나누어져 있다. Merit base와 need base가 그것인데, merit base는 공부를 잘하거나 특기가 있는 우수한 학생을 유치할 목적으로 장학금을 주는 것이고, need base는 형편이 어려워 장학금이 꼭 필요한 학생에게 주는 제도이다. 아주 좋은 몇몇 대학들은 입학하는 학생들 모두가 성적이 너무 좋아 사실상 누가 1등인지 서열을 매기기가 힘들어서 장학금을 가정형편에 따라 주기 때문에 부모들의 수입이 좋지 않거나 현재의 재정상태가 좋지 않아 장학금이 꼭 필요하다고 생각되는 경우에 주고 있다. 장학금은 입학하면서 어느 정도의 성적을 유지하면 4년간 보장되는 것도 있지만, 많은 경우 해마다 부모의 재정상태를 장학금 신청시 첨부하도록 한다.

이웃에 사는 가정에서 첫 아이가 MIT를 들어갔는데 부모의 수입이나 재정상태가 좋아 등록금 전액을 내었다. 2년 후에는 동생이 Wellesley(보스턴에 있는 여자대학)에 입학을 하게 되었는데, 이때에는 두 학교에서 30%씩 수업료를 면제해주어 2년간 혜택을 보았다. 즉, 부모가 얼마만큼의 학비를 대줄 수 있는지를 보아 재정보조를 해주는 것이다. 수입이 좋은 가정이라도 만약에 집에 아픈 사람이 있어 병원비가 많이 지출된다든지 다른 사립대학에 다니는 학생이 있는지 등을 보고 보조금을 결정하기도 한다.

그리고 아주 좋은 학교가 아니면 일반적으로 좋은 학생을 유치하기 위하여 성적이 우수한 학생들에게 부모의 재정상태에 관계치 않고 장학금을 주는 게 보통이다. 그래서 미국에서는 공부만 잘하면 1년에 50,000불 정도의 학비가 들어가는 좋은 사립대학에도 돈 들이지 않고 다닐 수 있다.

예로서, 필자가 근무하고 있는 텍사스 대학의 경우에는 학부 신입생의 40%가 장학금을 받고 있다. 외국인의 경우에도 미국인과 마찬가지로 장학금을 주고 있는데, 주로 내신과 SAT 성적으로 결정된다. 성적에 따라 결정되는 장학금 중 제일 작은 장학금이 연 2,000불로 이것은 텍사스 주민이 내는 in-state 등록금(학기당 약 3,500불)을 내는 것이고, 성적이 더 좋으면 등록금 전면에 연 6,000불의 장학금을 받을 수 있다. 더 잘하는 학생은 등록금 전액 면제에 월 1,000불의 생활비 보조 및 4년 동안 여행경비로 약 20,000불을 받기도 한다. 외국에서 전학을 오는 학생도 평점이 3.5 이상이면 최소한 연 1,000불의 장학금을 준다. 학교에서 연 1,000불 이상의 장학금을 받으면 자동적으로 텍사스 주민이 내는 in-state 등록금을 낼 수 있어 연 약 8,000불의 등록금 혜택을 보게 되므로 실제로는 9,000불의 도움이 되는 것이다. 장학금은 학교의 방침에 따라 바뀔 수 있으므로 학교에 사전문의를 꼭 하도록 한다.

대학원의 경우에는 장학금이 분야에 따라 다르지만 상당히 많은 편이다. 특히 이공계 학과들은 외국 학생들에게 강의 조교(TA)로도 장학금을 주지만 많은 경우 연구 조교(RA)로 교수들의 연구를 도와주며 학생 본인의 졸업논문 준비를 하면서 장학금을 받는다. 그러나 인문사회계 분야는 연구 조교가 그렇게 많지 않아 강의 조교를 하여야 하니 그 숫자가 많은 편은 아니기 때문에 처음부터 장학금을 받으며 학업을 하기에는 매우 어렵다. 필자가 근무하는 학과의 대학원생에게 장학금을 주기 위하여 얼마나 적극적인지 한번 보도록 하자.

지난해에 필자는 근무하는 학과의 대학원 입학과 대학원 교과과정을 담당하는 대학원 위원회의 의장이 되었다. 임무는 대학원 교과과정 및 대학원 입학사정이며, 장학생 선발위원으로도 일을 한다. 임무를 맡은 즉시 한 일이 지난 4년간 몇 명이 필자의 학과 대학원 과정에 원서를 내었으며, 몇 명이 입학허가를 받고, 실제 등록을 하는 수는 몇 명인지 인종별, 국가별로 통계를 내어 어떻게 하면 학생의 수와 질을 올릴 수 있을지 검토하는 것이었다. 필자의 학교에서 노벨상 수상자가 2명이나 재직하고 있고 현재 전기공학과에만 511명의 대학원생이 있으며, 166명의 대학원생이 매달 최소 1,950불의 장학금을 받으며 수업료는 전면 면제를 받고, 학교 주위에는 800개의 high tech 회사가 있어 산학 협동에 좋다는 등의 좋은 점을 안내문으로 만들었다(부록에서 유치 안내문을 참조한다). 이메일로 미국 전역의 모든 전기과 학과장과 인도, 중국, 터키, 한국 등의 몇몇 대학들에 안내문을 돌린 결과, 2005년 가을 학기에 635명이 원서를 내었으나 지난 가을학기에는 900명 이상이 서류를 내어 약 50% 정도 많은 원서를 받게 되었다. 지난 번 보다 커트라인, 즉 학생들의 평균학점을 올려서 선발했는데도 새로 입학한 학생수가 95명에서 154명으로 증가하였다. 이처럼 각자의 좋은 점을 알려서 홍보하는 것은 매우 중요하다.

이번에는 우수한 학생을 뽑기 위하여 얼마나 적극적인지 한번 보도록 하자. 필자의 전기공학과에는 현재 대학원생이 파트타임을 포함하여 511명이 석사 및 박사과정에 등록되어 있다. 이 대학원생 중 166명이 학교에서 최소한 월 1,950불의 장학금을 받으며 학비를 전액 면제 받으니, 생활비가 비교적 싼 이곳에서는 생활비를 제하고 남은 돈을 저축하면서 학위과정을 밟을 수도 있다. 우수 학생들의 리스트를 뽑아 이력서를 보내달라고 하고 이들 학생들에게 장학금을 줄 수 있으며, 필요하면 방문할 수도 있다고 설명한다. 이들이 학교를 방문할 때에는 왕복 비행기표와 호텔 등 모든 경비를 제공하고, 학교를 돌아보고 교수들과 면담하게 하여 우수한 학생을 유치하려고 한다. 이것은 교수 채용시와 동일한 대우를 학생들에게도 적용하고 있는 것이다. 다른 대학들도 좋은 학생을 유치하기 위하여 이와 같이 하기도 한다. 미국 대학들이 당연히 미국 시민권자나 영주권자 학생을 선호하기는 하지만 이공 계통으로는 미국 학생들의 지원이 적어 외국 학생들도 뽑을 수밖에 없는 실정이고, 또한 높은 질의 연구를 원하기에 외국 학생에게도 많은 장학금 혜택이 돌아가게 되어 있다.

미국 시민권자이거나 영주권자이면 미국 정부나 은행에서 학비융자를 받을 수 있고, 외국인도 보증인을 세워 학비융자를 받을 수 있다. 필자가 루이지애나 주립대학 교수로 재직하고 있을 때에도 외국 학생들의 장학생 선발위원으로 봉사한 적이 있는데, 많은 미국 대학이 외국인에게도 장학금을 주고 있으니 카운슬러와 상의를 하든지 신청을 하면 받을 수 있다. 신청해 보는 것이 안하는 것보다는 받을 확률이 높다. 이러한 장학금의 종류와 신청방법은 다음과 같다.

미국 시민권자나 영주권자이면 먼저 연방 정부의 보조 신청서인 FAFSA(Free Application for Federal Student Aid)를 접수하면 이 서류에 근거하여 무상보조나 융자 액수가 결정되고, 학교들도 이 자료를 이용하여 학비보조 결정을 내리게 된다. 연방 정부에서 무료로 주는 federal pell grant가 있는데, 이것은 보통 형편이 어려운 학생들에게 주고 있다. 대학 내의 장학금을 신청할 수 있고, 학교에서 일을 하면서 받는 장학금도 있다. 이 중에는 우수 학생에게 주는 merit base와 need base의 장학금도 포함된다. 연방 정부에서 주는 융자로는 perkins loan, subsidized federal stafford loan, unsubsidized federal stafford loan 등이 있다. 이밖에도 학생을 상대로 정부에서 도와주는

work study가 있는데, 이 프로그램은 학교 부속기관에서 일을 하면 그 기관이 임금의 반을 지불하고 정부가 나머지 반을 지급하는 제도로 학교와 학생 양쪽이 정부로부터 도움을 받는다.

## 꼭 명문 대학에 가야 하나

우리는 흔히 최고의 명문 대학에 가야 성공할 수 있다고 생각한다. 그러나 미국에서는 꼭 그런 것만은 아니다. 다만 평균적으로 좋은 대학을 나오면 출세할 확률이 더 높다는 것은 사실이다. 또한 시작하는 초임도 학교가 좋을수록 더 많다. 미국의 revenue로 상위 50개 기업의 CEO를 조사해 보면, 공립대학을 졸업한 사람이 26명이고 아이비리그를 졸업한 사람은 단지 4명뿐이다. 우리가 생각하는 만큼 아이비리그 출신이나 명문 사립대학 출신이 많은 것은 아니다. 잘 알려지지 않은 대학을 졸업한 대표적인 인물을 찾아보면, 세계에서 두 번째로 큰 부자이며 재산의 85%인 수백억 불을 본인의 사회사업재단이 아닌 세계 최고 부자 재단인 Bill and Melinda Gates 재단에 기부하여 유명하게 된 Berkshire Hathaway의 CEO인 워렌 버핏이다. 그는 University of Nebraska를 졸업하였다. 이밖에도 월터 디즈니의 CEO인 Robert Iger는 Ithaca College를 졸업하였으며, Proctor & Gamble의 CEO인 A. G. Lafley는 Hamilton College를 졸업하였다. 뱅크 오프 아메리카의 CEO인 Kenneth Lewis는 Georgia State University를, 포드 자동차의 CEO인 Alan Mulally는 University of Kansas를, 월마트의 CEO인 H. Lee Scott은 Kansas에 있는 Pittsburg State University를 졸업하였고, 인텔의 CEO인 Paul Otellini는 University of San

Fransisco를 졸업하였다. 세계 기업의 CEO 50명 중 하버드 졸업생은 3명이며 Exxon-Mobil의 CEO를 포함하여 University of Texas 졸업생도 3명이다. 특이한 사실은 마이크로소프트의 빌 게이츠가 하버드를 중퇴하였고, 델 컴퓨터의 CEO인 Michael Dell이 University of Texas at Austin을 중퇴하였으며, 애플 컴퓨터의 창시자인 Steve Jobs가 Oregon의 Portland에 있는 Reed College를 중퇴하였다는 것이다. 이들은 모두 학사학위가 없다.

이와 같이 성공하려면 꼭 명문 대학을 졸업해야 하는 것은 아니다. 성공여부는 사람들과 인간관계를 잘 유지하여 그들의 지지를 받으며 리더십을 얼마나 잘 발휘하느냐에 달려 있다. 최고의 명문 대학에서 하위권으로 졸업하는 것보다는 조금 낮은 주립대학에서 최상위권으로 졸업하는 것이 취직이나 대학원 및 전문 대학원 진학시에 훨씬 유리하다. 그러나 일반적으로 좋은 대학을 나오면 더 나은 교육을 받았기에 초임도 더 높을 뿐 아니라 더 출세할 확률이 높은 것은 사실이다.

# 04.

## 유학은 언제 가는 것이 가장 좋을까

### 전공에 따른 유학시기

그럼 언제 유학을 가야 할까.

당연히 영어 구사력만 생각한다면 어린 나이에 빨리 갈수록 좋다. 우리가 다 알다시피 어린 나이에는 무엇이든 배우기가 쉽다. 그래서 아직 골프채도 제대로 휘두르지도 못하는 나이인데도 골프장에서 어린 아이들이 스윙 연습을 하는 것을 볼 수 있고, 피아노나 바이올린 등도 아주 어린 나이에 시작하는 것을 보게 된다. 한국의 자랑인 미셸 위도 4살에 골프를 시작하여 7살 때는 18홀을 완전히 돌았다고 한다. 이와 같이 어린 나이의 아이들이 영어도 쉽게 습득하는 것을 보면 부모들도 아이와 같이 따라가면 본인들도 아이들처럼 영어를 잘할 것이라 생각하여 처음에 자신감을 갖고 시도한다. 그러나 얼마 지나지 않아서부터는 첫째 아이가 부모들의 영어를 나무라기 시작하게 되고, 둘째 아이를 따라가려고 하지만 이미 때가 늦었음을 알게 된다. 이곳에 부모들을 따라 온 어린 아이들이 처음에는 언어 문제로 학교 가기를 꺼려하지만 얼마 지나지 않아서는 한국말보다 영어만 쓰는 경우를 종종 본다. 몇 달이 지나면 부모들의 발음을 지적하기도 한다. 사실 집에서 특별히 돌보아 주지 않아도 학교만 제대로 다니고, 집에서 TV 만화, 영화만 많이 보아도 영어는 저절로 잘하는 것 같다.

몇 년 전 1년간 미국을 방문한 한국 대학의 교수가 초등학생인 아들이 밤에 영어로 꿈을 꾸었다고 자랑하는 것을 보았다. 아마도 미국에 도착한지 7~8개월이 지난 때인 것 같다. 꿈을 영어로 꾼다는 이야기는 사고를 영어로 한다는 것이다. 또 한 예로 초등학교 1학년인 자녀를 둔 한 교수가 교환교수로 가족과 함께 1년간 미국에 체류한 적이 있었다. 한국에 돌아가서도 늘 영어방송을 보고 영어공부를 부지런히 하였는지 서울의 한 외국어고등학교에서 영어를 제일 잘한다는 이야기를 들은 적이 있다. 물론 대학도 한국에서 제일 좋은 대학의 최고 학과에 입학하였다. 그 당시 보기에는 별로 영어를 잘하는 것 같아 보이지는 않았지만 귀국 후 계속적인 노력으로 잘하게 되었을 것이고, 미국에 1년간 있지 않았더라면 그렇게 되기가 힘들었을지도 모른다. 이처럼 부모가 사업차나 직장일로 미국을 방문할 경우에는 자녀의 나이가 한 살이라도 적은 경우가 영어 구사력이 더 빠르고, 미국식 사고와 소위 말하는 미국 본토 발음을 익힐 수 있다. 약 1년 정도 미국에 머문다면 초등 1~2학년 정도가 제일 좋을 것으로 본다. 언어 습득은 나이에 반비례한다고 보면 된다. 그러나 유학은 영어 습득 외의 다양한 목적이 있으므로 언제 유학을 가는 것이 가장 좋을지는 한마디로 말할 수 없으며, 여러 가지를 고려하여야 하므로 대답이 그렇게 간단하지만은 않다.

최근 들어 한국의 어린 학생들이 어머니와 함께 조기유학을 가고 아버지는 한국에서 돈을 벌어 보내는 경우를 많이 볼 수 있다. 정부 보고에 의하면 2005년에는 3만5천여 명이 조기유학을 떠난 것으로 보고 있는데, 아이들만 혼자 오는 경우도 조금씩 늘어나는 것 같다. 혼자 온 고등학생들은 숙식이 제공되는 보딩 스쿨(기숙사형 사립학교)에 들어갈 수도 있는데, 일반적으로 그런 종류의 학교는 등록금과 수업료가 만만치 않다. 보통 9개월에 40,000불 정도가 든다. 또한 부자들이 다니기 때문에 다른 잡비나 씀씀이가 만만치 않다. 그러나 미국에서도 좋은 집안의 아이들이 좋은 보딩 스쿨에 다니고 있고, 학교의 카운슬러나 사감들이 잘 돌보기 때문에 안심하고 맡길 수가 있다. 또 친척이나 아는 사람들 집에 맡기기도 하는데, 이때에는 아이가 지낼 집이 어떠하며 공부에 적절한 분위기인지 여러 가지를 고려해야 한다. 이밖에 종교단체나 유학원 등이 알선하여 미국 중류 가정에 맡겨지기도 한다는 신문 광고를 본적이 있으며 이에 대한 상담도 받은 적도 있다. 이것은 많은 경우 상업적이기 때문에 신중히 결정해야 한다. 무료로 아이들을 돌보아 주는 것도 아니고 수입을 목적으로, 즉 하숙을 친다고 하면 대충 그 집의 수입이나 여러 가지를 짐작할 수 있다.

주위에는 사업을 하다가 부도가 나서 망한 사람들도 잘 살아가고 있는 경우를 볼 수 있다. 실패한 것도 하나의 좋은 경험이 되어 다음에는 더 나은 방법과 계획으로 다시 시도를 할 수 있기 때문이다. 젊은 나이에는 위험이 많은 벤처를 직접 운영하거나 그런 종류의 회사에 한번쯤은 일을 해볼 만하다. 여러 번의 실패 중에서 한번만 성공하면 대성공이기 때문이다. 아는 한국 분이 마이크로소프트와 벨 연구소에 동시에 취업통지를 받았으나, 그 당시에는 더 좋은 벨 연구소에 취업을 결정하였다고 한다. 그런데 그 당시에 마이크로 소프트에서 받았을 스톡옵션을 지금 가격으로 산출하면 10억 불(약 1조 원)이 된다고 한다. 나이가 아직 젊을 때는 이와 같이 장래성이 보이면 작은 회사에서 온 정열을 투자해 볼 필요도 있다. 사업인의 경우 한번 망하더라도 또 다시 시도를 하여 한번만 성공한다면 성공한 케이스가 되어 부유한 생활을 할 수 있다. 그러나 자녀 문제는 그렇지 않다. 한번 잘못되면 돌이킬 수 없는 경우가 대부분이다. 회복할 수는 있어도 인생의 중요한 시기에 시간을 많이 허비해버려서 처음 시작하는 것보다 몇 배는 힘들게 된다. 자녀 문제는 도박이 아니고 요행을 바라서도 안되기에 철저하게 준비하고 매우 신중하게 결정하여야 한다.

종종 신문을 통하여 조기유학으로 성공한 케이스들을 볼 수 있다. 일류 대학과 일류 로스쿨을 나와 좋은 로펌에 취직을 하였다든지, 좋은 대학원에 진학을 하였다든지 하는 경우들인데, 자식들이 일류 학교에 입학하고 번듯한 직장을 잡았다는 빛나는 트로피의 이면에는 전 가족의 희생이 따르는 경우가 많다. 즉, 젊은 부부가 장기간 떨어져 살며 늘 신경을 써야 하고 많은 경비를 들이는 것이다.

그러나 아이들이 부모가 원하는 공부에 관심이 없고 다른 길로 빠져들 수도 있다. 사실 그렇게 일찍 시작하지 않아도 충분히 좋은 결실을 얻을 수 있는데 그렇게까지 힘들게 해야 하는지 의문이 들기도 한다. 전공에 따라 졸업 후 어디로 진로를 정하느냐에 따라 유학의 적절한 시기가 다를 수 있다. 여기서 전공에 따른 각 경우를 살펴보자.

## 이공계 학과

필자가 보기에 이공계통으로 공부를 하고 싶으면 한국에서 학부를 마치고 미국 대학원에 진학하여도 장래 커리어를 쌓는 데 큰 문제가 없다고 본다. 영어가 차지하는 비중이 그렇게 높지 않고 전공지식이 더 중요하기 때문이다. 물론 대학이나 초·중등학교 때 유학 온 학생들과는 비교가 되지 않을 정도로 언어 구사력에는 뒤지게 마련이지만, 미국에서 박사학위를 받고 교수나 회사 등의 직장을 구하는 데 큰 문제가 되지 않는다. 미국에서는 사람을 채용할 때 외국인인지 아닌지를 크게 따지지 않는다. 다만 같이 일을 하여야 하니 언어 구사력은 중요하다. 또한 봉급 책정에도 큰 영향을 미치지 않는다. 만약 경제력이 그렇게 좋지 않으면 한국에서 석사를 하고 미국 대학에 박사과정으로 오는 경우도 생각해볼만 하다. 필자가 보기에는 한국에서 석사를 하고 좋은 논문 1~2편만 내었다면 미국에 와서 바로 연구 조교로 돈을 받을 기회가 많다. 그 이유로는 대부분 교수들은 학생이 와서 바로 연구에 투입되기를 원하는데, 비슷한 연구를 한 학생이라면 빠른 시일 내에 좋은 결과를 낼 수도 있으니 연구비가 절약될 수 있기 때문이다. 이 경우에는 한국에서 석사과정으로 보낸 2년 중에서 최소한 1년은 손해를 보게 된다. 또다른 이유는 많은 경우 미국에서 석사만 하고 직장을 잡기 때문에 석사과정 2년 동안 교수가 연구 조교로 장학금을 지급하는 경우, 학생은 배우기만 하고 떠나게 되니 투자하고 쓸 만하니 떠나버리는 경우가 되기 때문에 석사과정에서는 박사과정보다 장학금 받기가 더 어렵다.

한국에서 학부나 석사를 하고 미국에 유학을 오는 것보다 더 좋은 것은 미국에서 학부부터 다니는 것이다. 적어도 대학 3학년으로 편입하여 오는 것도 괜찮다. 왜냐하면 미국에서 직장생활을 하려면 좀더 나은 영어와 비슷한 문화가 필요하기 때문이다. 이력서에 미국에서 학부를 졸업한 것으로 되어 있으면 미국인으로 인식이 되어 직장을 지원할 때 뿐만 아니라 대학원 진학시에도 장학금 수혜의 확률이 훨씬 높아진다. 또한 학부 졸업생과 대학원만 졸업한 사람의 평균적인 언어 구사력에 상당한 차이가 있다.

앞의 장학금 부분에서 언급했지만 이공계통으로는 미국 학생들이 많이 지원하지 않기 때문에 실력 있는 외국 학생에게 연구를 의존하게 된다. 학부 과정에서 장학금 받기가 쉽지는 않지만 대학마다 유학생들에게도 장학금을 지급하는 경우가 있으므로 잘 알아보아야 한다. 대학원의 경우에는 대부분이 장학금으로 생활을 할 수 있거나 한국에서 조금만 보조를 받아도 학위과정을 마칠 수 있다.

### 인문 사회계 학과

인문 사회계통으로 공부를 한다면 조금 다르다. 이 분야는 언어구사가 아주 중요하기 때문에 어릴 때 오는 것이 유리하다. 한국에서 고등학교를 나오고 이곳에서 대학부터 다닌 경우에도 의사소통이나 일을 하는 데는 별 문제가 없으나, 어딘지 모르게 잘 어울리지 못하는 부분이 있다고 경험자들의 말을 들어본 적이 있다. 월 스트리트의 높은 봉급을 받는 곳들은 더욱 더 이런 언어 문제가 중요시 되므로 조기유학을 온 경우가 훨씬 유리하다고 본다. 사실 인문 사회계통은 경영대학을 제외하고는 미국에서 직장을 구하는 것이 그렇게 쉽지 않다. 아마도 직장이 많지 않은 것도 있고, 언어 문제 때문이기도 할 것이다. 그러나 한국에서 대학을 나오고 대학원을 미국에서 나와도 역시 교수나 회사에 직장을 구할 수는 있다. 현재 미국에서 교수를 하는 대부분의 한국인들은 한국에서 대학을 나오고 여기서 박사학위를 받고 교수직에 채용된 경우이기 때문에, 한국에서 대학을 졸업한 후 유학을 와도 본인의 실력이 뛰어나다면 충분히 미국에서 좋은 직장을 구할 수 있다.

알고 지내는 분의 아들이 서울 대학을 졸업하고, 하버드 대학에서 박사학위를 받았다. 지난 가을 학기부터 컬럼비아 대학의 경영대학에 조교수로 근무하고 있는데, 초임이 연 150,000불은 되리라 본다. 이와 같이 한국에서 대학을 나와도 아이비리그의 하나인 컬럼비아에서 교수로 근무할 수 있는 것이다.

2~30년 전에 유학 온 사람들보다 요즘 한국 학생들의 어학실력이 좋으므로, 언어 문제에서 다소 수월하기 때문에 대학원에 유학을 와도 무방하다. 그렇지만 이공계와 비교한다면 졸업 후 미국에서 직장을 구하기가 더 어려운 것은 사실이며 일을 할 때에도 팀워크 등에 조금 문제가 있을 수도 있다. 한국 신문들이 미국의 아이비리그를 나왔는데도 직장이 없다는 기사들을 많이 보도하는데 직장은 전공 분야와 밀접한 관계가 있는 것이다.

그럼 회계사의 경우를 한번 보자. 한국에서 경영대학을 나와서 이곳 회계학과에 석사과정으로 오면 2년 동안 보통 석사학위와 회계사 자격증을 받아 회계법인에 취업하는데, 요즘은 취업이 아주 쉬워 보인다. 필자가 근무하는 학교의 학생들이 직장을 구했을 때 초임이

5~60,000불 정도 되는 것 같았다. 보통 처음 하는 일이 장부 정리들을 하니 언어 문제는 크지 않고 열심히 일을 하고 꼼꼼히 잘하니 봉급 인상도 좋다고 한다. 약 5년 정도 근무하면 연봉이 80,000~100,000불 정도 되고 매니저로 승진이 된다. 매니저들은 자기들이 밖에 나가 일거리를 따 와야 하는데, 그러면 기술과 언어 구사력에 문제가 있게 된다. 그 사이 미국인 후배가 자기 상사가 되니 그만두는 경우도 가끔 있다. 이들은 한인 타운에서 보통 한인들의 회계장부 정리를 해주는 회계사로 개업을 하거나 한국의 유수 기업체에 취업하여 귀국하기도 한다. 이처럼 인문 사회계통에는 고객을 다루어야 하기에 아주 고급의 언어 구사력이 필요하다. 그러므로 졸업 후 미국에서 직장 생활을 하면서 고위직까지 해보고 싶으면 최소한 학부부터 유학을 오는 것이 바람직하다. 필자가 알고 있는 사람 중에는 중학교 때 이민을 와서 아이비리그에서 공부를 하여 연봉이 1,000,000불은 되는 투자은행에서 일을 하는데 그런 곳에 일하기 위해서는 언어가 아주 중요하다고 하였다.

즉, 월 스트리트 정도에서 일하는 연봉 1,000,000불 이상의 고소득 직장에서 일하려면 아주 고급영어가 필요하기 때문에 고등학교 때 미국에 오면 좋다. 그러나 이 경우 학교 성적을 잘 받지 못할 확률이 높기 때문에 좋은 대학에 가기가 쉽지 않으므로 중학교 1~2학년 정도에 오는 것이 바람직하다.

## 일찍 유학 가는 것이 꼭 좋은가

한국의 부모들이 간과하기 쉬운 문제 중 하나는 잘못하면 일찍

온 아이들은 생각이 완전히 미국식이 되어 보통 한국 학생들의 열성을 다 잊어버리고 보통의 미국 아이들과 같이 평범한 중간수준에 만족하게 된다는 점이다. 우리 부모들이 그토록 많은 비용과 대가를 치르고 유학을 보내는 목적은 자녀가 중상의 평범한 학생이 되는 것이 아니라 최고의 엘리트가 되기를 원하는 것이 아닌가. 미국에서 자라는 한국 아이들은 대학에 들어갈 때 보는 SAT 같은 시험도 평소 실력이나 그냥 연습문제지를 한번 읽어보고 가는 것 같은데, 한국에서는 만점을 받기 위하여 매일 열심히 외우고 연습하는 그런 열성이 여기 미국에 있는 학생들에게는 부족한 것 같다. 부모들이 그 많은 지출에도 불구하고 조기유학을 보낸 뜻을 이루지 못하고, 단지 영어만 잘하는 평범한 학생으로 되는 수가 있다. 미국에는 영어를 잘하는 사람이 너무나 많지 않은가. 그 영어만으로 성공하기에는 매우 힘이 들 것이라는 것은 상식적인 일이다. 한국에서도 영어 실력만으로 취업을 하던 시절은 극소수 분야를 제외하고는 어느 정도 지났다고 본다.

이곳 미국에서 많은 어른들에게 왜 미국에 이민 왔느냐고 물으면 상당수가 자녀교육 문제로 왔다고들 한다. 그러면 실제 그들 자녀들은 객관적으로 보기에 그 목적에 어느 정도 도달되어 있을까. 필자가 보기에는 제법 많은 사람들이 차라리 한국에 있었으면 더 좋았을 것이라 여겨지는 경우도 많이 있었다. 왜냐하면 미국의 이민생활은 그냥 놀고먹는 게 아니다. 부지런히 일한 만큼 보상이 온다고 보여 지기에 많은 한인들은 아침부터 저녁 늦게까지 심지어는 주말도 없이 일을 하기 때문에, 자녀들을 제대로 돌볼 여유가 없다. 그냥 먹을 것만 주고 집에서 자기들끼리 게임기를 가지고 노는 등 그냥 두게 되는 경우를 많이 본다. 또한 이민 와서 몇 년이 지나면 부모들과 자녀간에 의사소통이 되지 않아 제대로 부모들의 깊은 뜻을 전하지 못하고, 간단한 의사소통밖에는 하지 못하게 된다. 그래서 자녀들이 부모를 무시하는 경우도 종종 본다. 어떻게 보면 완전히 자녀를 잃게 되는 것이다. 만일 전 가족이 이민을 오지 않고 자녀만 유학을 보냈다면 한국에 계신 부모를 방문하러 자녀가 한국을 자주 찾게 될 테니 언어 문제가 그리 심각한 지경에 이르지 않을 수도 있다.

한국에서는 자녀들을 미국에만 보내면 무엇이든 될 것처럼 생각하는 것 같은데, 이곳 미국에서도 한국에서와 마찬가지로 천차만별이다. 그러나 미국에서 아이들을 키우기는 한국에서 보다는 좋은 점이 많은 것도 사실이다. 일반적으로 미국은 공기가 좋아 아이들이 감기가 잘 걸리지 않고, 건강하게 키울 수 있을 뿐더러 학교가 아이들의 특성을 잘 살릴 수 있도록 가르치는 것 같다. 특히 대학 입학의 경우 명문 대학들은 특별한 특기만 있으면 다른 성적이 낮아도 입학을 시킨다. 그러나 한국에서 이곳에 오면 문화적인 갈등 등 많은 것을 극복하여야 하기에 그렇게 쉬운 것만은 아니다. 매우 철저한 계획과 학생 본인의 각오와 학부형들의 뒷바라지가 없으면 성공하기란 한국에서 보다 더 어렵다고 보면 된다.

잘못된 경우를 가까이에서 본 적이 있다. 한국에서도 괜찮은 집에서 딸과 아들을 부모들이 잘 알고 있는 집으로 유학을 보냈고, 부모들은 아이들을 그 집에 완전히 맡겨 둔 것 같았다. 그러나 딸아이는 마약에 손을 대었고 아들은 고등학교도 졸업하지 못하고 군복무 문제로 한국으로 되돌아갔다는 이야기를 들은 적이 있다. 이처럼 부모나 기숙사 사감의 철저한 관리 없이 그냥 아는 집에 맡겨 두는 것은 아주 위험하다. 남의 집에 맡길 경우에는 여러 가지를 살펴봐서 아이의 학업에 도움이 되는지 잘 확인해야 한다. 아이를 맡은 집에서도 아이가 잘못했을 때 꾸중도 못하고 너무 힘이 든다는 이야기도 들어보았다. 그러니 그 아이가 제대로 성장하기가 얼마나 어렵겠는가. 일반적인 이야기이지만 옛말에 선비집에 선비 난다는 말이 있듯이 맡기는 집이 학업에 얼마나 관심이 있는지를 잘 살펴보아야 한다. 그러나 필자가 보기에는 초등학교부터 대학원까지 미국에서 공부하는 것이 훨씬 더 유리한 점이 많다.

결론적으로 한국에서 유학할 경우 자녀들을 최고의 엘리트로 키우고 싶으면 초등학생 때나 중학생 때 오는 것이 바람직하다. 그러나 경제적인 문제와 제반적인 모든 것을 고려할 때 언제 오는 것이 최적일까에 대한 어느 정도의 현실적인 대답은 미국 대학, 즉 학부부터 오면 제일 좋으리라 본다. 그러기 위해서는 SAT나 외국인에게 요구되는 TOEFL 성적이 있어야 한다. 외국 학생들에게도 학부에서 주는 장학금이 있다. 이것은 앞에서 언급한 장학금 부분을 참조하기 바란다.

경제적인 문제를 많이 고려한다면 한국에서 대학을 나오고 대학원으로 유학을 와도 미국에서 생활하는 데 큰 문제가 없으며, 한국에서 갖고 있던 공부에 대한 열성과 정신만을 가지고 있으면 학업을 잘 성취하리라 본다.

현재 대학을 입학하였으나 다니는 학교가 마음에 들지 않아 유학을 와서 열심히 하려는 각오가 되어 있다면 2년제 대학인 커뮤니티 칼리지나 학부 편입을 할 수도 있다. 이것 또한 학부 입학 부분을 참고하기 바란다.

## 비 자

미국에 거주하기 위해서는 서울의 미국 대사관으로부터 방문이나 체재를 할 수 있는 비자를 받아야 한다. 학생들에 관련한 몇 가지 비자 종류를 간단히 알아보자.

F-1 비자는 학생비자로서, 미국 학교에서 입학 허가를 받으면 I-20 서류를 입학 허가서와 같이 준다. 여러 학교에서 I-20를 받아도 되지만 미국 대사관에 비자를 신청할 때에는 가고자 하는 학교의 I-20를 사용하여야 하고 입국시에는 꼭 그 학교로 가서 등록을 해야 한다. 다른 학교로 옮기려면 전학 수속을 밟아야 한다. 만약 불법으로 하게 되면 다시 입국할 경우 거절되기가 쉽다. 한국 회사에서도 입사시에 외국 출장을 가는 데 하자가 있는지 묻는 데 미국 출장을 갈 수 없으면 한국에서도 취업이 어려우니 이민법을 어기지 않도록 특별히 유의해야 한다. 특히 9.11 이후에 이민법이 많이 까다로워졌기 때문에 의문이 있으면 학교의 International Student Office의 이민 업무 담당자나 이민 변호사에게 문의를 하도록 한다.

F-1의 배우자나 자녀들은 F-2를 받는데, 자녀들이 학교에 다니는 것은 문제가 없으나 배우자가 학교를 풀타임으로 다니려면 F-1으로 바꾸어야 한다. F-1 소지자는 학교 내에서 일을 할 수 있고, 여름방학 기간에는 학교의 허가를 받아 외부에서 인턴십 등을 할 수 있다. 참고로 F-2 소지자는 일을 못하게 되어 있다. 많은 사람들이 비자가 끝났다고 불법체류가 아닌지 걱정을 하는 경우가 있는데, 비자는 단지 입국할 때에 필요한 것이고 미국 입국 후에 비자가 만료되어도 불법은 아니다. 그러나 외국에 나갔다가 다시 들어오려면 유효한 비자

가 있어야 한다. F-1 비자로 입국하면 학생들에게 D/S를 찍어 주는데, 이것은 Duration of Status로 학생 신분을 유지하는 이상 계속 체류할 수 있다. 즉, 졸업을 하게 되면 졸업일로부터 60일까지 머물 수가 있고, 더 연장하고 싶으면 OPT를 신청하여야 한다.

교환학생이나 연구원 및 방문교수들은 미국에 들어올 때 J-1의 비자를 받아 들어오는데, 동반가족은 J-2를 받는다. J-2 경우에는 노동허가를 받아서 일을 할 수도 있고 풀타임으로 공부도 할 수 있으나, 학업을 마치고 본국으로 2년 안에 돌아가야 하는 제약이 있다. 한국에서 공립학교의 교환학생으로 오면 J-1으로 입국을 하고, 사립학교로 오면 F-1으로 오게 된다. 본국으로 돌아가지 않고 신분을 바꾸려면 미 국무성에 J-1 waiver를 신청하여 승인을 받아야 한다. 위에서 서술한 내용은 필자가 알고 있는 상식적인 내용이니 정확한 내용은 이민 변호사를 통하여 문의하기 바란다.

# 05. 조기유학

글로벌 시대이니 만큼 영어가 중요한데 한국에서 학교를 졸업하면 영어 하나 제대로 못하고, 사교육비는 사교육비대로 들어 가정경제가 휘청이고, 하향 평준화된 교육제도로 우수한 학생들은 수준이 저하되고, 입시제도가 늘 바뀌는 바람에 갈피를 못 잡는 상황이 지금 한국의 교육현실이다.

그래서 그 돌파구로 찾은 것이 조기유학인 것 같다. 미국뿐만 아니라 영국, 호주, 중국, 동남아까지도 간다니 이 열풍은 대단한 것 같다. 필자가 보기로는 남미로 이민 간 분들도 나중에 자녀들이 미국에 정착하는 것을 많이 보았다. 결국 종착지는 미국이 아닌가 생각한다. 앞에서도 언급하였지만 그래도 외국인이 살기에는 미국이 인종차별 문제에서나 직장 문제, 안전 문제 등을 볼 때 미국이 제일 나은 것 같다.

## 초·중등학교 입학

부모가 방문이나 유학생 신분, 사업차 등의 합법적인 이유로 미국에 체재할 수 있을 때는 공립학교에 등록이 가능하며 언제든지 학교에 가서 입학할 수 있다. 학교에 등록시에는 여권, 주소지 증명서(아파트, 전기, 전화 계약서 등), 면역 증명서 등의 서류가 필요하다. 그러나 혼자 유학 목적으로 가게 되면 가는 학교에 모든 입학서류를 제출하고 입학이 허락이 되면 I-20라는 서류를 받게 되며, 이 서류를 가지고 한국의 미국 대사관에 유학생 비자 신청을 하면 유학생 비자인 F-1을 받게 된다.

미국의 초등학교는 보통 유치원(k)에서 시작하여 5학년까지이다. 한국에서 예를 들어 3학년을 마치고 유학을 오면 미국에서는 두 번째 학기인 봄 학기가 되기 때문에 생년월일을 보아 3학년에 갈 수도 있고, 4학년에 갈 수도 있다. 또 부모가 원하면 학년을 낮추어 갈 수도 있으나, 낮추는 것은 바람직하지 않고 학교에서 정하여 주는 학년으로 들어가는 것이 가장 바람직하다. 어떤 학부형들은 일부러 1년을 낮추어 입학을 시키는 경우도 보았는데 꼭 그렇게 할 필요는 없다. 왜냐하면 한국의 학교 수업내용이 미국보다 뒤지지 않고, 영어 문제는 곧 해결될 수 있기 때문이다.

그러나 중학교와 고등학교를 다니다가 오는 경우에는 여러 가지를 고려해야 한다. 왜냐하면 대학 입학시에 9학년부터 학교 내신 성적이 대학 입시에 가장 중요하기 때문에 어떻게 하는 것이 원하는 대학에 들어가기 위하여 제일 좋을지를 생각해야 한다. 만약 9학년으로 입학하는 경우에는 처음 1년은 대부분 적응시기로 보내며, 영어가 부족하기 때문에 학업을 따라 가는 데 힘이 들기 마련이다. 사실 9학년 과목이 그렇게 쉽지 않기에 1년을 늦추어 8학년으로 입학하는 것이 바람직하리라 본다. 그러나 대학 입학 사정관들은 성적이 어떻게 진전이 되는지를 고려하기도 한다.

외국인의 경우에는 입학을 하면 영어시험을 보고 ESL 프로그램을 학교에서 하게 한다. 학교마다 다르나 어떤 학교들은 일주일에 몇 시간씩 일반 수업 중에 따로 나와서 수업을 받기도 하고, 어떤 학교들은 아예 ESL반으로 편성하여 영어만 하게하며, 성적이 잘 나오지 않으면 정규 프로그램에 올려 주지 않는 곳도 있다. 필자가 보기에 완전히 ESL반으로 편성되는 것보다는 정규 수업을 받으면서 일주일에 몇 시간씩 ESL을 하는 것이 훨씬 좋다고 본다. 어떤 아이들의 경우 ESL에 너무 오래 있게 되어 그 스트레스가 말로 할 수 없었다. 언어는 시간이 해결해 주기 때문에 큰 걱정거리는 아니다. 그리고 정규 수업에서 한국 아이들이 수학 과목을 한국에서 높은 레벨로 하고 왔을 터이니 다른 학생들로부터 영어는 서툴러도 다른 과목에서는 아주 우수하다는 평가를 받아 친구들도 잘 사귈 수 있게 된다.

많은 사람들이 미국 학교에는 과제도 별로 없어 아이들이 별 부담없이 놀며 다닌다고들 하는데, 이와 반대로 과제가 제법 많아 매일 몇 과목의 과제를 하게 된다. 다만 금요일은 주말이므로 숙제를 많이 주지는 않는다. 미국의 교육제도는 지역에 따라 매우 달라서 일률적인 답변은 말은 못하지만 과제와 프로젝트는 많은 것 같다. 특히 이것을 한번만 빼 먹어도 A학점을 받기가 힘들기 때문에 늘 학교의 과제물에 신경을 써야 한다. 초등학교의 경우에는 학생 혼자서 과제를 할 수 있겠지만 프로젝트를 할 경우에는 처음에는 혼자의 힘으로 하기에 힘이 든다. 그래서 처음에는 옆에서 지도해줄 사람이 필요하다. 아이가 혼자 유학 와서 어느 가정에 홈스테이를 한다고 할 때 그 가정에서 가정교사의 역할까지 해주기가 쉽지 않고, 학년이 올라갈수록 학부모들 자신도 잘 몰라서 도와주기가 쉽지 않다. 그래서 처음 미국에 도착하여 잘 적응하기 위해서는 도와줄 사람이 필요하다.

그리고 시험도 자주 있어 늘 긴장하고 학업에 임해야 한다. 한국에서는 중간고사, 기말고사 등이 따로 있지만 여기는 보통 사전 예고 없이 보는 퀴즈나 여러 번의 중간고사, 기말고사가 있다. 성적도 학교에 따라 달라 90점 이상이면 A학점, 80~89점은 B학점인 곳도 있고, 94점 이상이 A학점인 곳도 있기 때문에 한번만 실수를 한다든지, 잊어버리고 과제물을 제출하지 않으면 A학점을 받기가 쉽지 않다. 이밖에도 주에서 모든 학생이 보는 시험도 있고 전국적으로 보는 시험들도 있다. 텍사스 주의 경우에는 TAKS라는 시험을 봐서 성적이 미달되면 유급을 시키고, 학교 전체 성적이 좋지 않으면 학교장 문책도 따르게 되어 있다.

한국에서는 공교육 이외에 사교육이 너무 많아 재정적인 부담이 많다고들 하는데, 미국에서도 아주 잘사는 사람들은 개인 가정교사를 들이기도 한다. 그러나 일반적인 중·상류의 가정에서는 학교 공부 이외의 과외는 하지 않는다. 조금 열성 있는 학부모나 너무 뒤져서 학교에서 경고를 받는 경우에는 방과 후에 학습지 등의 학원식 수업을 듣기도 한다. 그리고 한국과 마찬가지로 피아노나 다른 악기 레슨은 많이들 하고 있고, 체육 특기자로 만들기 위하여 체육 레슨을 받는 학생들도 종종 있다. 미국에서는 대중교통보다는 자가용을 많이 이용하므로 아이들이 무엇을 할 때마다 부모들이 차로 태워다 주고 그 시간에 기다려야 하니 보통 일이 아니다. 특히 체육 분야로 시합을 할 경우는 몇 시간씩 운전하여 다른 도시로 가야하니 남의 집에 맡길 경우에는 사전에 특별 과외시에 어떻게 한다고 서로가 협의가 되어 있어야 한다. 아이를 맡는 홈스테이 가정의 입장에서도 불만이 있는 경우가 있다. 한국에서 온 아이가 칫솔도 달라, 영어도 가르쳐달라 등의 이것저것 부탁이 많았다고 한다. 아이를 맡은 집에서는 적은 하숙비를 받으면서 일일이 요구를 들어주자니 기분이 상하기도 했을 것이다. 그런데 나중에 알고 보니 아이는 아이대로 하숙비를 많이 지불했는데 홈스테이 가정은 이보다 훨씬 적게 받은 것이었다. 즉, 중간에서 알선업체가 과다하게 수수료를 챙긴 경우였다. 그래서 아이를 남의 집에 보낼 때는 어디까지 하숙집에서 해줄 수 있는지 보내기 전에 잘 확인해야 한다.

## 조기유학시 어떤 학교로 가야 할까

한국과 같이 미국에서도 공립학교와 사립학교로 크게 분류된다. 또한 학교에서 자녀들이 불량한 학생들로부터 좋지 않은 것에 물들까봐, 또는 다른 교육적 이유로 부모들이 집에서 가르치는 홈스쿨링이 있다. 미국 가정에서는 많은 경우 공립학교에 자녀들을 보내게 되는데 비싼 학비가 드는 사립학교에 반해 공립학교는 등록금이 없다. 미국에서는 유치원부터 12학년까지 의무교육이어서 공립을 보내면 교과서까지 무료로 사용하게 하고, 점심식사도 부모들의 수입에 따라 무료와 반액, 전액을 지불하는 세 종류가 있다. 지역에 따라 공립학교의 수준과 질이 다른데, 관할 교육청이 재정상태가 좋으면 시설이나 교사들의 봉급이 많아 당연히 좋은 교육을 받을 수 있게 되어 있다. 그러나 교육청의 재정이 좋지 않은 경우 건물이 열악하고 교사들의 수준도 좋지 않을 수가 있다.

한국에서 학생들이 부모와 같이 합법적으로 체재할 수 있는 방문비자를 가지고 올 경우에는 공립학교에 입학을 할 수 있으나, 학생만 오게 되면 보통 공립학교에서는 받아주지 않는다. 만약 학생이 미국 태생이라면 미국 시민권자로 되어 입학이 허용되나, 각 주마다 다르긴 하지만 어떤 주에서는 미국 태생인 경우에도 상당한 수업료를 내야 한다. 이 제도는 최근에 생긴 것으로, 이와 같은 외국학생이 많아짐에 따라 공립학교의 부담이 커지면서 생긴 새로운 방침인 것이다. 앞에서 언급하였듯이 학생들의 학업수준은 다니고 있는 학교의 수준과 같아지기에 학교를 잘 선정하여야 한다.

정확한 정보가 없을 때에는 당연히 부자들이 많이 사는 주택지역에 위치한 학교가 좋다. 미국의 경우에는 일반적으로 아파트는 잠시 사는 사람들이나 저소득층들이 거주하는 곳이기 때문에 좋은 주택지역에서는 아파트가 그렇게 많지가 않고 임대료도 만만치 않으나, 안전이나 자녀의 교육을 생각한다면 가격이 부담되더라도 좋은 아파트에 입주하는 것이 좋다. 학교 등록시 제출해야 하는 서류 중 아파트 계약서나 전기, 전화 가설서류가 필수이기 때문에 그 지역에 살지 않고는 그 구역 학교에 입학시킬 수가 없다. 미국에서는 어떤 주소를 알게 되면 그 주변의 어느 반경까지 가정당 수입, 교육수준 등 모든 정보를 얻을 수 있어 참조할 수 있다.

대학을 생각한다면 보내고 싶은 학교에서 지난 몇 년간 몇 명의 학생이 명문 대학에 들어갔는지, National Merit Scholar는 몇 명이 나오는지 알아보아야 한다. National Merit Scholar는 대학에 들어갈 때 보는 SAT 시험과 비슷한 것으로 PSAT라는 시험으로 결정되는데 보통 11학년 초인 10월경에 보며, 전국적으로 상위 1%에 들어가는 학생들이 뽑히게 되니 그 학교의 학업수준을 쉽게 알아볼 수 있다. 그리고 명문 대학에 잘 보내는 학교는 늘 많이 보내기에 명문 대학에 관심이 있으면 꼭 알아보아야 할 사항이다. 그렇지 않는, 즉 명문 대학에 들어가는 학생수가 적은 학교에서는 아무리 잘하여도 명문 대학에 들어가기가 매우 힘들다.

좋은 사립학교를 보내는 것도 그렇게 쉽지가 않다. 보통의 사립학교들은 유치원부터 시작하여 고등학교까지 이어지기 때문에 유치원에 들어가지 않는 이상 매년 뽑는 학생은 결원이 생긴 자리를 보충하거나 학년이 올라가면서 학급이 증설되는 경우이기에 자릿수가 적어 경쟁률이 아주 치열하다. 왜냐하면 좋은 학교에 입학하면 바로 명문 대학으로 이어질 확률이 높기 때문이다. 이와 같이 좋은 사립학교들은 등록금도 연간 15,000~20,000불 사이로 아주 비싼 편이다.

앞의 사립학교 편에서도 언급하였지만 주로 미국 동부에 위치한 10대 명문 사립고등학교는 입학과 동시에 명문대 입학이 보장되어 있어 미국의 부자들뿐만 아니라 요즘은 한국의 부자들도 문을 두드려 1년에 한 학교에 20여 명씩 들어가곤 한다. 어떤 지역에는 한국 조기유학생들이 너무 많아 그 지역에 사는 백인이나 한인들조차도 경쟁하는 것이 힘들어 차라리 이사를 가는 실정이다. 필자가 재미 과학기술자협회 북텍사스 지부의 회장으로 있으면서 몇 번의 수학경시대회를 개최하였는데, 그때마다 이 지역에 사는 주민들이 불만을 토로한 적이 있었다. 한국에서 온 유학생 아이들과 이곳 주민의 자녀들이 따로 시험을 보자는 건의를 여러 번 하였는데, 이유는 많은 유학생 아이들이 상위권을 차지하기 때문이었다.

필자가 살고 있는 달라스 근교의 플레이노에도 학군이 좋아 중국계와 인도계 사람들이 많이 거주하고 있다. 한국 유학생들도 이 지역으로 유학을 많이 온다고 한다. 이 지역의 West Plano Senior High School의 경우에는 지난해 하버드에 2명이 입학하였고, National Merit Scholar Semi-finalist는 34명이었다. 이 학교의 한 학년 학생수는 1,000여 명이나 된다.

달라스 지역의 한 여자 사립고등학교인 Hockaday School에서는 지난해에 109명 졸업생 중 하버드 2명, 프린스턴 3명, 예일 3명 등 아이비리그에만 16명이 입학을 하였다고 한다. 이 학교도 기숙사형인 보딩 스쿨인데, Day School은 학비가 연 20,000불 정도이고 보딩을 하면 약 40,000불선이다. 지난해에는 한국에서 9학년으로 유학을 온 학생이 하버드에 입학하기도 하였다. 보딩 스쿨의 리스트는 www.schools.com에서 볼 수 있다. 이처럼 좋은 대학에 진학하기 위해서는 좋은 고등학교에 들어가야 하는 것이 당연한데, 사실 이런 종류의 학교에 들어가기도 쉽지만은 않다. 이에 따라 학교 역사, 명문 대학 입학률, 평균 SAT 성적 등으로 유명한 명문 대학 준비학교(College Preparatory School)들이 있는데, 주로 동부의 매사추세츠 주에 위치하고 있으며 PrepReview.com에서 그 랭킹을 확인할 수 있다.

학교에 따라 Gifted and Talented program(영재교육)이라 하여 한국의 특설반처럼 공부를 따로 시키는 학교들이 있다. 이 프로그램에 참가하게 되면 공부를 잘하는 아이들이 모여 있고 수준 높은 수업을 들을 수 있어 우수한 학업 성적을 유지할 수 있다. 이 프로그램에 들어가기 위해서는 학교 선생님이 추천하여 교육위원회에서 시험을 볼 수도 있고, 아니면 psychologist에게 의뢰하여 시험을 볼 수도 있는데 꼭 추천할 만한 프로그램이다.

## 아이를 어떤 가정에 맡길 것인가

미국에 이민 온 많은 사람들이 아이 교육 때문에 왔다고 하는데, 사실 얼마나 성공적인지는 모르겠다. 차라리 한국에 있었으면 더 좋겠다고 느끼는 학생들도 많다. 통계는 없지만 조기유학을 와서 별 이득을 보지 못한 경우도 많을 것이다. 따라서 조기유학에 어떤 문제점이 있는지 알아보고 해결책을 살펴보도록 하자.

만약 아이가 어린 나이에 부모와 떨어져서 혼자 외국에 살게 된다면 처음에는 언어 문제로 많이 힘들어 할 것이다. 그러나 몇 달만 참고 잘 지낸다면 언어 문제는 별로 문제가 되지 않으나 그것을 잘 이기지 못하여 처음부터 좌절할 수도 있다. 필자가 보기에는 유학을 온 나이에 따라 다르겠지만 넉넉히 잡아서 1년이면 언어 문제는 거의 완전히 해소된다. 아직 어린 나이이기에 부모나 친구들에 대한 그리움으로 힘들어 하는 아이도 있을 것이고, 반면 잘 지내는 아이도 있을 것이다. 어떤 경우에라도 환경이 급격히 바뀌기 때문에 어느 정도의 심리적 변화가 있을 수 있음을 명심해야 한다.

보딩 스쿨들은 초등학교에도 있지만 보통 9학년부터 있는데, 이전에 오는 아이들은 친지나 지인 또는 미국 가정에 맡겨지게 된다. 이 경우 아무리 돈을 주고 있다고 하더라도, 자기 집처럼 마음이 편하지 않고 마음대로 행동을 하지 못하며 주인집의 눈치를 보며 지내게 된다. 필자가 보기에 아이는 아이어야 하지 아이가 너무 어른스럽다든지, 너무 눈치가 빠르다면 별로 좋지 않을 것 같다. 좋게 본다면 어린 나이에 성숙하여 모든 일들을 일찍부터 잘 알아서 하는 장점이 있을 수 있다. 그러나 이것은 아이의 성격에 달려 있다. 가디언(guardian)인 분이 보호자로서 모든 일들을 처리하며 아이를 부모와 같이 칭찬도 하고 꾸중도 해야 하는데, 남의 아이는 자기 아이와 달라 칭찬은 할 수 있으나 꾸중을 하기는 매우 힘들다. 아이가 체벌을 받아야 할 때는 당연히 체벌이 따라야 하는데 그렇지 않으니 버릇없이 아동기를 지낼 수도 있다. 아는 사람 중에 한 분이 친구의 아이를 맡고 있는데 꾸중을 해야 하는데도 꾸중도 못하고 너무 힘이 든다는 이야기를 들어본 적이 있다. 아이는 아이대로 또래 친구들이 하는 행동을 했다고 생각하는데, 세대차로 인하여 어른인 가디언은 도무지 이해하지 못할 상황이 생기기도 한다. 만약 이런 경우 부모가 꾸중을 하면 별 문제가 없을 것을 가디언이 아이를 꾸중한다면 아이가 어떻게 받아들일 것인가. 오해가 생기면 가디언과 맡긴 부모 사이가 나빠질 수도 있다.

앞에서 언급했지만 아이들은 자라면서 주위의 영향을 많이 받는데, 거주하고 있는 집이 좋지 않는 가정이라면 어떻게 될 것인가. 필자의 가정에서는 미국 아이들이 많이 하는 친구 집에 가서 하루 자고 오는

spend the night를 못하게 한다. 다른 아이들은 다 하는데 왜 나만 안되느냐고 아우성이었지만 집의 규율로 정해 놓았다고 몇 번 일러주면 그 이후에는 별 어려움이 없다. 요즘 가정에서 가족관계가 복잡한 경우가 많은데, 만약 아이의 친구 집이 어머니가 이혼을 하고 재혼을 하여 사는 것도 아닌 남자친구와 살고 있다고 하자. 여기서 이혼가정이나 한부모가정을 폄하하고자 하는 것이 아니다. 개인 사생활은 존중되어야 하지만 한창 자라는 아이를 맡기는 문제이니 그리 단순한 문제가 아니다. 그런 가정에 내 아이 특히 딸아이를 밤새도록 놀게 할 수 있겠느냐는 것이다. 이 집은 되고 저 집은 안되고 하기가 힘이 들기에 아예 spend the night는 절대로 안된다고 정하고 있다.

한국에서 교환학생 프로그램이나 유학생 모집시 미국의 중류 가정에 맡긴다고 하지만 중류도 어떤 중류인지도 모른채 자녀를 맡긴다는 것은 너무 위험한 소지가 있다. 조기유학을 가는 목표는 일류가 되기 위한 것이지 중간이 되고자 함이 아니다. 중류 가정에서는 중류가 되기 쉽다고 필자는 생각한다. 만약 돈을 받고 학생을 맡고 있다면 분명히 상류일 가능성은 적다. 일반적으로 그 가정을 어느 정도 짐작할 수 있는데, 어떤 집인지 확실히 모르고 자녀를 맡기는 것은 생각해볼 문제이다.

처음 유학 와서는 학년에 따라 다르지만 많은 도움이 필요하다. 부모에게는 쉽게 묻지만 가디언에게는 그렇게 하기가 쉽지 않다. 조금 학년이 높으면 사실 부모도 도와주기가 어렵다. 이런 것들을 잘 극복해야 하는데, 이것은 고학년일수록 더 힘들다.

한쪽 부모가 아이와 같이 외국에 거주하고 다른 한 부모는 한국에서 돈을 벌고 있다면 그 부모들의 부담 또한 매우 클 것이다. 자녀를 잘 키우는 것도 매우 중요하지만 아직 젊은 나이에 부부가 떨어져 살면서 여러 가지 걱정도 많을 것이고 경제적으로도 부담이 클 것이다.

또한 가족이 전부 이민을 온 경우에도 몇 년이 지나면 부모들과 자녀간에 의사소통이 되지 않아 제대로 부모님들의 깊은 뜻을 전하지 못하고, 간단한 의사소통밖에 할 수 없게 되기도 한다.

## 조기유학, 한번의 실패는 상당한 실패

그럼 어떻게 하면 성공적으로 조기유학을 할 수 있을까. 남들이 주식 투자를 하니 나도 따라서 하고, 남들이 아이들을 유학을 보내니까 나도 내 아이를 보내야 한다는 식의 유학은 있을 수 없다. 최근 신문, 방송 등 여러 매체를 통해 조기유학의 성공사례와 실패사례들이 기사화되고 있는데, 이것을 통해 어느 정도 그 문제점들을 알 수 있을 것이다. 만약 실패할 확률이 어느 정도 높다고 생각되면 조기유학을 보내지 않는 것이 좋다. 앞에서도 언급했지만 한번의 실패는 상당한 실패이기 때문이다. 아이가 잘못된 길로 들어서면 다시 돌아올 수는 있다. 그러나 그렇게 되는 경우는 일부에 지나지 않으며 그 과정에서 흘려보낸 시간 또한 돌이킬 수 없게 된다.

필자가 보기에 조기유학의 제일 큰 문제는 소위 기러기 아빠들이 자녀들을 위하여 모든 것을 희생해야 한다는 것이다. 따라서 가능하면 보딩 스쿨에 보내는 것이 좋다. 보딩 스쿨은 미국에서도 부유한 집의 자녀들이 많이 가는 곳이고, 오랜 전통이 있어 아이들을 잘 지도하기 때문에 별 문제가 없다. 그렇지 못한 경우에는 아는 집이나 미국인 가정에 맡기는데, 필자가 보기에 이런 경우에는 차라리 아이들이 엄마와 같이 있는 것이 아이의 정서상으로나 여러 면에서 더 낫다고 본다.

조기유학을 가기로 결정했다면, 한번 그 지역에 부모들과 같이 휴가차 답사를 하는 것이 좋다. 몇 달 후에 다시 그 지역에 가면 익숙하게 느껴지기에 더 잘 적응할 수 있을 것이다. 또한 주위 환경이 어떤지 직접 보고 결정하기에 실패할 확률이 줄어들게 된다. 앞장에서도 언급했지만 공립학교이면 부유층이 사는 동네의 학교이어야 한다. 또한 Gifted and Talented 프로그램이 있는지, Math and Science 학교가 있는지 알아보아야 한다. 이런 과정을 마치면 보통은 좋은 대학에 들어가기가 쉽다. 사립학교이면 지역에 관계없이 학생들이 가기 때문에 중학교와 고등학교가 같이 있는 학교라면, 졸업생들이 어떤 대학에 진학을 하는지, 또 National Merit Scholar는 몇 명이 해마다 나오는지 알아보아야 한다. 아이들이 단지 그 학교 안에 있는 학생들과 경쟁을 하는 것이 아니라 궁극적으로는 전세계 학생들과 경쟁을 하는 것이기 때문에 명문 대학에 많이 입학시키는 학교를 선정하도록 하여야 한다.

가능하면 조기유학을 온 한국 학생들이 많은 학교는 피하는 것이 좋다. 그들과 서로 경쟁을 해야 하니 매우 힘이 들 것이므로 대도시

보다는 중·소도시에 소재한 좋은 학교를 선택하여 그곳에서 최상위권에 들어 좋은 대학에 입학하는 것이 쉽다.

한국에서 온 아이들은 수학을 잘하기 때문에 영어가 좀 서툴러도 다른 아이들과 쉽게 사귈 수 있게 된다. 미국 아이들은 수학을 잘하면 머리가 좋다고 생각하여 따돌리지 않고 같이 어울리려고 하기 때문이다. 보통 학교나 교육청에서 주관하는 아이들의 운동 프로그램이 있다. 축구나 야구 등의 클럽에 들게 되면 일주일에 한 번씩 주중에 연습을 하고, 토요일은 다른 팀과 시합을 하게 된다. 아이들과 이렇게 어울리면 영어는 쉽게 늘게 되고, 팀워크나 사교성 등을 배울 수도 있다. 주로 코치는 학부형들이 하기 때문에 경비도 별로 들지 않고, 돌아가면서 학부형들이 아이들이 마실 음료를 가져가는 정도이다. 테니스 같은 개인 종목의 스포츠보다는 여러 명이 하는 구기 종목들이 좋다. 조기유학을 가면 먼저 이런 프로그램이 언제 시작하며 신청할 수 있는지 알아보기를 바란다.

만약 조기유학을 하여 성공할 확률이 매우 높지 않다고 결론을 내리면, 학부 유학과 대학 2년을 마친 후 학부 편입을 고려해 보아도 좋다. 뒷장에서 언급하겠지만 미국에서 학부부터 공부를 하여도 언어 문제는 거의 없고, 한국에서 열심히 공부하는 습관을 갖고 있어 미국에서도 공부를 잘할 수 있을 것이다.

# 06.

# 학부 입학

## ESL 입학

미국 대학이나 대학원의 TOFEL 성적이나, 학부의 경우에는 SAT, 대학원의 경우 GRE 성적이 없어 바로 지원할 수 없을 경우에는 미국 대학 내에 있는 ESL 프로그램으로 들어가서 영어공부를 하여 필요한 시험을 보고 학교에 정식 입학할 수 있다. 어떤 학교들은 그 학교의 ESL을 수료하는 것으로 TOEFL를 면제해 주기도 한다. 서류는 간단한 입학원서, 보통 고등학교 졸업 이상의 학력 증명서와 재정 증명서가 필요하다. 입학 허가가 나면 I-20을 받게 되어 유학생 비자인 F-1을 받을 수 있다. 처음 입학하게 되면 placement test(배치고사)를 봐서 학생의 영어 실력에 맞는 반으로 편성을 한다. 대학 프로그램과는 달리 수업료가 아주 싼 편이며, 지역에 따라 다르겠지만 약 8주 프로그램에 2,000불 정도로 보면 될 것이다. 그래서 한국에서 영어공부를 할 여건이 되지 않으면 미국에 와서 영어공부를 하며 한 번씩 정식 강의를 청강해 보아도 좋다. 입학시에 학교 내에 있는 기숙사도 신청하고, 룸메이트를 미국인으로 원한다고 신청하면 미국인 친구들을 사귀어 회화 연습에도 도움이 될 것이다.

ESL로 와서 공부를 잘 마친 학생의 경우를 한번 소개하겠다. 필자가 루이지애나 주립대학에 교수로 있을 때의 일이다. 한 친척으로부터 친구의 아들인데 고등학교까지는 공부를 잘하였으나 대학에 들어가면서 객지 생활을 하다 보니 자기 관리를 잘 못하여 대학 성적이 좋지 않아 미국 가서 열심히 한번 해보고 싶어한다는 이야기를 전해 들었다. 군에도 갔다 와서 이젠 철이 들어 열심히 공부를 하기로 작심하였으니 ESL에 먼저 보내고 박사학위를 할 때까지 돌보아 달라는 부탁이었다. 필자가 다시 본인의 의사인지 부모가 원해서인지 확인하고, 서류를 팩스로 처리하여 며칠 만에 비자도 받고 10월 중순쯤에 입국하였다.

12월 들어 1월 봄 학기부터 대학원에 가도록 GRE와 TOEFL을 보라고 하였다. 자기는 준비가 잘되어 있지를 않아 내년 가을 학기를 목표로 한다고 하길래 그냥 영어만 공부하면 따분하여 공부가 잘되지 않으니 전공공부와 병행하라고 일러주었다. 그리고 시험을 보면 필자가 한번 입학을 알아보겠다고 했다. 1월 초에 성적이 나와 인근에 위치한 학생 2만 명이 넘는 주립대학에 입학서류를 가지고, 그 학생과 함께 대학원을 찾아가서 대학원장을 만났다. 대학원장이 "성적이 너무 낮아 자기들은 받아줄 수 없다."고 하길래 이에 필자가 한번 이 학생에게 기회를 주자고 하며, 1년을 지켜보고 학업 성적이 나쁘면 학교를 그만두게 하면 어떠냐고 제안을 하였다. 그러자 담당학과장이 사인을 하면 자기도 받아주겠다고 하여 학과장을 설득을 하여 입학을 할 수 있었다. 얼마 후 그 학생은 연구 조교가 되어 돈을 받으면서 2년만에 석사를 받았다. 그 학과의 경우 전공 분야의 박사과정이 없어서 다른 주립대학으로 옮겨 3년 동안 장학금을 받으며 박사학위를 마치고, 지금은 한국에 있는 한 연구소에서 연구원으로 근무하고 있다.

이 일을 통해 본인이 열심히 하려는 마음만 있으면 얼마든지 할 수 있으며, 미국은 서로 신뢰하는 사회이기에 이와 같은 기회가 있었던 것 같고 모든 일에 융통성이 있음을 깨닫게 되었다.

## 2년제 대학 입학

미국에서도 한국의 2년제 대학인 전문대학과 같은 2년제 과정의 Community College나 Junior College가 있다. 그 지역의 카운티에서 세금으로 운영되는 대학으로 등록금이 아주 저렴하고 쉽게 입학을 할 수 있으며, 졸업 후 바로 직장을 구할 수 있도록 많은 과정들이 직업과 연관되어 운영되고 있다. 이런 커뮤니티 칼리지는 미국에 약 1,200개 정도 있는데, 이 대학을 졸업한 후 4년제 대학에 편입시 3학년으로 편입되고 학점도 인정을 받아 2년 후에는 4년제 대학을 졸업할 수 있게 된다.

필자가 특별히 강조하고 싶은 사항은 한국에서 유학이라면 최고의 대학만을 생각하고 그곳에 입학하기 힘들 것 같으면 아예 포기를 하는 경우가 많은데, 사실 한국에서 미국의 좋은 4년제 대학을 갈 수 없는 내신 성적을 가지고 있어도 공부를 열심히 하고자 하는 의지만 있으면 이런 종류의 커뮤니티 칼리지를 권하고 싶다. 왜냐하면 한국에서 미국 대학에 유학을 오면 처음에 언어 문제와 공부를 잘해야 한다는 정신적 압박이 심한데, 커뮤니티 칼리지는 성적이 그다지 높지 않은 학생들이 많이 오거나, 나이 든 사람들이 새로운 직장을 구하기 위해 재교육을 하는 곳이기도 하기에 4년제 대학보다 상대적으로 쉽게 좋은 성적을 받을 수 있어 잘 적응할 수 있다. 약 2년 동안 적응기로 생각하면서 열심히 공부하여 좋은 학점을 받게 되면 더 좋은 대학으로 전학이 용이하기에 매우 좋다.

커뮤니티 칼리지에서 2년 동안 영어를 어느 수준으로 올릴 수도 있으며, 한국 학생들에게 어려운 과목인 미국 역사나 미국 행정 등의 필수과목들을 쉬운 학교에서 마치고, 그 다음 2년을 좋은 학교로 옮겨 전공과목을 이수하는 것이 아주 현명한 방법이라 본다. 필자는 이와 같이 커뮤니티 칼리지로 유학을 와서도 잘될 수 있다고 생각하기에 적극적으로 권장하고 싶은 방법이다. 좋은 주립대학들뿐만 아니라 사립 명문들도 이와 같은 학교에서 편입생을 모집한다. 미국 학생들도 여름방학 중에 부모들이 살고 있는 집에 와서 여름 학기를 이와 같은 커뮤니티 칼리지에서 적은 수업료로 교양 필수과목들을 많이 수강하기도 한다.

필자의 학교에서 차로 10분 거리에 있는 Collin County Community College의 입학에 대하여 알아보자. 이 학교는 부유한 콜린 카운티에서 재정을 돕기 때문에 건물이나 시설이 아주 우수하다. 콜린 카운티는 아주 부유한 사람들이 많이 사는 지역인데, 1년에 부동산 세금이 현 시가의 약 2.5%이다. 또 이 세금의 대부분이 학교로 들어가기 때문에 이 카운티에 소속되어 있는 초등학교부터 커뮤니티 칼리지까지는 재무 구조가 아주 좋다. 외국인의 경우에는 등록금이 학점당 100불로 되어 있어 12학점을 신청하면 한 학기에 1,200불이 된다. 학교 내에 기숙사도 한국의 아파트식으로 되어 있다. TOEFL 점수는 525점(PBT) / 197점(CBT) / 71점(IBT)이 요구되며, 학생이 아니더라도 들을 수 있는 ESL 회화 수업도 30시간에 79불로 수업료가 아주 싼 편이다.

## 2년제 대학에서 4년제 대학으로 편입

외국 학생으로 미국 학부로 입학을 하려면 TOEFL과 SAT가 보통 있어야 한다. 그러나 커뮤니티 칼리지는 이 시험의 성적이 필요하다고 해도 점수가 낮거나 필요없는 경우도 있다. 그래서 입학이 쉽고 4년제 학부로 편입할 경우에 보통 이 두 시험 없이도 커뮤니티 칼리지의 내신 성적만으로 입학이 가능하다. 앞에서 언급하였듯이 2년간을 적응기로 생각하여 영어 실력을 올리고, 좋은 학점을 받아 좋은 4년제 대학으로 편입을 한다면 그 다음 단계인 대학원에 입학하는 데 전혀 문제가 없다. 예로서 University of Pennsylvania 같은 아이비리그 학교도 1년에 150명 이상의 편입생을 뽑는다. 필자가 아는 사람 중에도 이런 과정을 거쳐 하버드에서 박사학위를 받은 사람이 있다.

미국의 대학들은 2년제 대학에서 몇 명을 뽑을지 정해져 있지 않지만 상당히 많은 학생들을 2년제 대학에서 편입생으로 뽑는다. 필자가 근무하는 UT Dallas도 커뮤니티 칼리지에서 편입한 학생들이 많다. UT Dallas는 텍사스에 있는 주립대학으로는 SAT 성적이 가장 높은 학교이고(신입생의 상위 25%와 75%의 SAT 성적이 1,120과 1,370점이다), 신입생의 41%가 고등학교에서 상위 10% 내에 있던 학생들이기 때문에 입학이 쉽지만은 않다. 그러나 커뮤니티 칼리지에서 평점 2.5만 받으면 입학이 되기 때문에, 학부로 입학하기 힘든 학생은 커뮤니티 칼리지를 졸업하여 편입하고 있다. 달라스 주변에도 여러 개의 커뮤니티 칼리지가 있는데, Collin County Community College와 Richland Community College는 차로 10분 정도의 거리에 있고 학교 시설도 좋은 편이다. 이밖에 UT Austin 경우에도 Austin 커뮤니티 칼리지에서 많이 편입하고 있다.

커뮤니티 칼리지들은 가까이 있는 좋은 대학들과 교류를 맺어 어느 정도의 성적으로 졸업을 하게 되면 자동으로 그 대학에 입학이 허용되는 프로그램들을 가지고 있기 때문에 꼭 처음부터 좋은 대학에 들어가지 않아도 좋은 대학과 대학원으로 진학할 수 있다.

### 학부 유학

한국에서 미국으로 유학을 와서 대학원만 졸업한 경우와 학부와 대학원을 미국에서 졸업한 경우를 보면, 여러모로 미국에서 학부부터 유학한 경우가 장점이 더 많다. 첫째, 학부 졸업 후에도 영어에 별 문제가 없어 미국에서 취업이 가능하다. 둘째, 대학원 진학시 미국인과 동등하게 장학금을 받을 기회가 많고, 학위를 받은 후에도 취업이 더 용이하다.

미국에 다양한 문화가 접목되어 있듯이 대학 입학에도 정해진 한 가지 방법만 있는 것은 아니다. 일반적인 경우를 살펴보자.

일반적으로 고등학교, 즉 12학년을 마친 후 대학에 원서를 내어 대학 4년을 다니게 되는데, 고등학교에서 대학과정의 수업인 AP 과목을 많이 듣거나 여름 학기를 수강하면 3년만에 대학을 졸업하기는 어렵지 않다.

미국에는 대학수가 약 2,000개로 매우 많다. 명문 대학에 입학하여 세계에서 온 우수한 학생들과 같이 한번 겨루어 보는 것은 누구나 선망하는 꿈일 것이다. 한국에 잘 알려진 명문 대학들로는 동부의 아이비리그 스쿨(하버드, 예일, 프린스턴, 컬럼비아, 브라운, 펜실베이니아, 다트머스, 코넬의 8개 대학)들이나 MIT, 서부의 스탠퍼드 등일 것이다. 이들은 모두 사립대학이다. 미국의 50개 주마다 보통 2개의 좋은 주립대학들이 있는데, 노스캐롤라이나의 University of North Carolina at Chapel Hill과 North Carolina State University, 미시간 주의 University of Michigan과 Michigan State University 등이 있다. 이와 비슷한 이름을 갖고 있는 University of Pennsylvania는 사립대학으로 아이비리그 스쿨 중 하나이다. University of California 대학들은 8개의 캠퍼스가 모두 상위 랭킹에 올라 있는 등 약 100여 개의 좋은 주립대학들도 많으므로, 꼭 하버드와 같은 최고의 대학에 들어가지 않아도 좋은 주립대학에 유학을 오는 것도 괜찮다. 그리고 중요한 것은 제일 마지막 학위가 어느 대학인가가 매우 중요하기 때문에 대학원이나 전문 대학원을 목표로 공부할 경우에 꼭 학부를 최고로 가지 않아도 된다. 한 예로서 MIT에서 학부를 나오고 MIT 대학원에 들어가는 것은 그렇게 쉽지 않다. 왜냐하면 MIT에서 아주 높은 성적을 받기가 힘들기 때문에 차라리 한 단계 낮은 대학에서 4.0(all A)을 받아 MIT를 지원하면 더 쉽게 입학할 수 있다. 그러나 처음부터 꿈을 낮게 갖고 일부러 낮은 대학을 지원할 필요는 없으며, 할 수만 있다면 높은 이상을 가지고 도전해 보는 자세가 바람직하다.

그럼 최고의 대학은 어디일까. 한국에서는 당연히 하버드, MIT, 프린스턴, 예일, 스탠퍼드 등이라 할 것이다. 그러나 세상 사람들이 선망하는 일류 대학이라도 본인에게는 최고가 아닐 수도 있다. 본인에게 적합한 학교가 최고의 학교이기 때문이다. 필자의 아들이 다녔던 고등학교의 한 중국 아이는 하버드에 입학이 되었지만 조그마한 음악대학에 입학하였다. 사실 미국에서는 최고의 명문대학에 입학이 되더라도 조그마한 대학으로 진학하는 경우를 많이 본다. 특히 이름이 그렇게 좋지 않아도 장학금을 많이 받게 될 때에는 명문이 아닌 대학으로 가는 경우가 많다. 이러한 선택이 잘못된 것이 아니라는 것은 20년 뒤 그 사람이 어떻게 성장하였는지를 보면 잘 알 수 있을 것이다. 필자가 보기에도 큰 차이가 없다고 본다. 그러나 명문 대학에 다닐 때의 기분과 프라이드는 있을 수 있을 것이다.

필자의 친구 중에 미국에 유학을 와서 박사학위를 받고 지금 한국에서 대학 총장으로 있는 분이 있는데, 그 분의 아들은 미국에서 태어나 하버드에 입학이 되었으나 보스턴에 있는 다른 대학에서 장학금을 받고 공부를 하였다. 미국에서 대학을 졸업하고는 한국의 해병대로 지원하여 신문에 기사가 실린 것을 본 적이 있다. 한국에서는 원정 출산이라는 말도 있는데, 미국에서 태어났는데도 제일 힘들다는 해병대에 입대하여 참 기특하게 생각을 하였다.

한국에서는 US News & World Report의 랭킹에만 연연하는데, 사실 높은 랭킹에 있는 대학들은 규모가 큰 대학들로 연구 대학(Research University)이라 하여 교수들이 가르치는 일보다는 연구에 더 많은 시간을 사용한다. 연구 대학의 랭킹은 그 대학이 얼마나 많은 연구비를 가져오는지가 중요하기 때문에, 교수들은 연구비를 받기 위하여 프로포절을 쓰는 데 많은 시간을 할애해야만 한다. 또한 받은 프로젝트의 결과물을 만들기 위하여 연구에 몰두할 수밖에 없다. 그래서 유명한 교수는 강의를 하지 않는 경우가 많은데, 미국에서는 강의를 많이 하는 교수가 강의를 적게 하는 교수보다 봉급이 적다. 교수의 진급과 봉급은 연구비에 따라 크게 작용되는데, 연구비를 많이 가져오지 못하면 보통 종신직인 tenure를 받지 못하고 학교를 그만두어야 한다.

이제 한국도 많이 바뀌어 어느 대학을 졸업하였나 보다는 무엇을 전공하였느냐가 더 중요하게 되어 가고 있는 것 같다. 졸업학교의 간판으로 취업이 되고 알아주는 시대는 지났다. 그러나 한국에서는 미국의 초일류의 몇 개 대학만 학교인 줄 알고, 또 그 학교들 이름밖에 모르는 경우를 종종 본다. 그러나 미국에는 좋은 대학들이 아주 많으며 그 대학들 수준도 모두 비슷비슷하다.

미국 대학에 입학하기 위해서는 고등학교 내신 성적(GPA), TOEFL (외국인 경우), SAT, 특별 활동, 에세이, 추천서 등이 필요하다. 당연히 재정 증명서도 필요하다. 이 중 제일 중요한 것이 고등학교 내신 성적이다. 좋은 학교일수록 학교 성적 중에서 어려운 과목인 AP (Advanced Placement), honor, IB(International Baccalaureate) 등의 과목을 많이 수강했는지, 특별 활동이나 에세이를 많이 본다. 여기서 그 각각에 대하여 알아보자.

### GPA (Grade Point Average)

대학 입시나 직업을 구하는 데 있어 제일 중요한 것은 성적 평점인 GPA이다. 일반적으로 GPA가 높은 학생이 더 똑똑하거나 더 성실할 수가 있기 때문이다. 대학 입학시에 9학년에서 11학년, 또는 10학년에서 11학년까지의 성적을 요구하기 때문에 고등학교 들어갈 때부터 성적관리를 잘해야 한다. 학교에 따라 성적을 부풀려 좋은 점수를 줄 수도 있기 때문에 석차를 요구하기도 한다.

### AP (Advanced Placement)

AP 과목들은 고등학교에서 대학의 교양과목으로 개설하는 것으로 어떤 과목을 통과하게 되면 대학에서 그 과목을 면제받을 수 있다. 한국에서도 몇 개의 학교들이 이 과목들을 개설한 것으로 알고 있는데, 만약 학교에 이 과목이 없으면 혼자 공부해도 학점을 딸 수 있다. 명문 대학에서는 아주 우수한 학생을 선발하려고 하니 만약 자기 학교에 AP 과목이 개설되면 가능한 한 많이 수강하는 것이 좋다. 왜냐하면 어려운 과목을 택한 학생을 학교들이 좋아하기 때문이다. 미국에서는 보통 과목에서는 A학점이 4점으로 되어 있는데, AP나 honor 과목은 5점을 주기 때문에 GPA를 올릴 수 있고, 학교 석차를 높일 수도 있다. 만약 한국에서 학부로 유학하는 경우에는 첫 1년이 적응기로 좀 힘들 수 있기 때문에 AP 과목을 인정받아 면제받기 보다는 다시 그 과목을 수강하여 좋은 학점을 받도록 하는 것이 현명한 방법이다. AP 성적은 5점 만점으로 3점 이상이면 통과이지만, 명문 대학에 입학하기 위해서는 4점이나 5점은 받아야 한다. AP 시험은 매년 5월에 보며 www.collegeboard.com에 상세한 정보들이 있다. 이것은 대학 입학의 학점관리 부분에서 자세히 설명하도록 하겠다.

### SAT (Scholastic Aptitude Test)

미국 대학 입학시에는 한국의 수능시험과 같은 SAT를 보아야 한다. 어떤 학교에서는 SAT와 비슷한 ACT를 인정해주기도 한다. SAT는 SAT I이라고도 불리는데, 사고력 시험으로 모든 대학 입학시에 꼭 필요한 것이며 언어, 수리, 작문 등 세 과목으로 구성되어 있다. 미국 고등학교에서 학교 공부만 착실히 잘한다면 특별히 따로 공부하지 않고도 좋은 성적을 받을 수 있다. 각 영역당 800점 만점으로 되어 있는데, 총 2,400점 만점을 맞는 경우도 종종 있다. Subject test는 SAT II라고도 불리는데, 과목별 시험이어서 좋은 대학에서만 요구하는 시험이다. 좋은 대학에 입학하기 위하여 꼭 만점을 받아야만 하는 것은 아니다. 그러나 입시 사정관이 짧은 시간에 많은 학생들을 사정하여야 하니 이와 같은 객관적인 숫자가 눈에 띄기 쉬우므로 좋은 성적을 받아두는 것이 좋다.

학교마다 GPA와 SAT 점수로 일단 서열을 매겨 사정하기도 한다. 예를 들어, GPA 70%, SAT 30%의 성적으로 먼저 서열을 만드는 것이다. 아이비리그, 그외 명문 사립, 명문 주립대학에 입학한 학생들의 상위 25%와 75%에 있는 학생들의 SAT 성적 분포표를 뒷부분(p.115, 118, 120, 121)에 나열하였다(US News and World Report와 각 학교 홈페이지를 참고한다). SAT는 1년에 7번 정도 보는데 언제든지 시험에 응시할 수 있다. 단, 성적이 학교에 모두 보고되기 때문에 준비가 잘되지 않았다면 다음으로 미루는 것이 좋다. 여러 번 봐서 성적의 진전이 없다면 학업능력면에서 나쁜 점수를 받을 수도 있기 때문이다. 그러나 시험을 여러 번 보면 요령이 생겨서 점수가 올라가기 때문에 3번 정도 봐도 좋다. 명문 대학이 아니면 많이 봐서 제일 좋은 성적을 사용하면 된다.

좋은 점수를 받기 위해서는 문제 유형에 익숙해야 하는데, 보통 두 번째 시험이 첫 번째 보다 더 높은 점수가 나오는 이유가 문제 유형을 알고 시험시간을 잘 조절하기 때문이다. 그러기 위해서는 모의시험을 여러 번 반복하여 풀어보는 방법이 아주 효과적이다. 읽기 시험에서 점수를 높이기 위해서는 단어를 많이 암기해야 한다. 이것이 독서를 많이 해야 하는 이유이다. 항상 시험에는 요령이 필요한데, 그 방법은 모의시험을 많이 보면서 터득하면 된다.

최근에 바뀐 새로운 양식의 SAT는 미국 대학들의 신입생 선발시 학력평가 요구에 의해 도입되었다. 이것은 고등학교 교과과정과 학교 수업을 반영할 수 있는 시험으로, 가장 큰 변화로는 SAT II에 있던 writing test가 SAT 본 시험에 포함되어 있다는 것이다.

Critical reading section은 읽기 중심의 시험으로 70분(2개의 25분 시험과 1개의 20분 시험) 동안 reading comprehension, sentence completion, paragraph length critical reading 등의 문제를 푼다.

Mathematics section은 70분(2개의 25분 시험과 1개의 20분 시험) 동안 수와 연산대수학(algebra I & II) 및 함수통계, 확률과 해석 등의 문제를 5지선다형과 주관식으로 푼다.

Writing section은 60분간 보며, 문법 등의 5지선다형의 35분짜리와 25분간의 에세이 작문이 있다.

Subject test는 SAT II로도 부르는데 앞에서 언급했듯이 과목별 시험이라 명문 대학들만 요구하는 것으로, 몇 과목의 SAT II를 요구하기 때문에 가고 싶은 학교의 입학 자격을 잘 알아두어야 한다. 그 과목들은 21개로 다음과 같다. Literature, US history, world history, mathematics level I, mathematics level II, biology, chemistry, physics, Chinese with listening, French, French with listening, Germen, Germen with listening, modern Hebrew, Italian, Japanese with listening, Korean with listening, Latin, Spanish, Spanish with listening, ELPT. 시험시간은 1시간이다. 여기에 한국어가 포함되어 있지만 한국 학생이 본다면 아무 소용이 없다.

## 특별 활동

명문 대학에서는 단지 학업 성적만 보는 것은 아니다. 첫째, 최상위권 학생들이 지원을 할 것이니 모두 성적이 좋아 변별력이 없고, 또한 대학들은 장래의 리더를 키우기를 원하기에 누가 더 사회가 필요로 하는 인재인지를 알아내어야 하니 특별 활동에서 우수성을 많이 따진다. 많은 사람들이 특별 활동을 미국 대학 입학에서 꼭 필요한 것으로 잘못 알고 있고, GPA가 그렇게 중요하지 않은 것처럼 이야기하는 데 그렇지 않다. 첫째가 학업이고, 그 다음이 다른 과외 활동이나 에세이 등이다. 이 특별 활동은 하루아침에 되는 것도 아니라 오랜 기간 정성을 들여야 한다. 예를 들어, 어떤 동아리 활동에서 보통 회원으로 봉사를 한 것보다는 회장으로 활동을 한 것이 더 좋으나,

회장이 되기 위해서는 회원에서 그 다음 간부를 거쳐 마지막으로 회장이 되니 시간이 걸린다. 학생들이 관심이 있고, 자기 전공과 어느 정도 관계가 있으면 더욱 좋은데, 많은 특별 활동을 했다고 나열하기보다는 깊이 있는 특별 활동이 더 효과가 있으리라 본다. 자신의 열정과 헌신적인 활동과 더불어 리더십을 보여주어야 한다.

어떤 한국 사람들은 악기나 좀 다루고 미술을 좀 해야 대학에 들어갈 때 도움이 된다고들 하는데, 보통 대학에 들어갈 때에는 전혀 도움이 되지 않는다. 예체능은 뛰어나게 잘해야 하는 것이지 보통의 실력으로는 입학시 아무 혜택이 없다. 미국의 경우에 학교 내에서 우승을 했다든지는 별 영향이 없고, 주 전체에서나 미국 전역에서 상위권에 있을 때 명문 대학 입학시 특별 활동으로 도움이 된다.

예를 들어, 어떤 학생이 음악회를 개최하여 큰돈을 모금하여 대지진이 일어난 어느 나라의 지역에 가서 어떻게 잘 도왔다든지 등 무엇인가 남보다 다른 특색이 있으면서 마음이 담긴 특별한 행사를 만들어야 한다. 또는 한국에서 어느 고등학교에 새로운 동아리를 만들어 좋은 행사를 함으로써 사회에 귀감이 되었다든지 장기간 자기의 장래와 관계되는 봉사 활동을 하는 것이 중요하다. 미국 수학협회(MAA)가 주관하는 AMC(American Mathematics Competitions) 수학경시대회에서 우수한 성적을 내었다든지, 국제 올림피아드 대회에서 메달을 받은 것들은 좋은 특별 활동에 들어갈 수 있다. 또한 매년 12학년들이 수학, 과학, 공과 분야에서 장학생을 뽑는 Intel Science Talent Search는 1,200여 명이 참가하여 마지막 40명으로 선발되는 것은 좋은 특별 활동이다. 1등에게는 100,000불, 2등은 75,000불, 3등 50,000불, 4~6등 25,000불, 7~10등이 20,000불이고, 그 다음 30명은 5,000불씩 받는다. 같은 과의 동료 교수의 아이도 40명이 선발되는 결승까지 통과하여 유리한 조건으로 컬럼비아 대학에 입학할 수 있었다.

책의 제일 앞부분에서 언급을 했듯이 필자의 두 아들도 미국 남부에 태풍 카트리나로 큰 피해가 발생했을 때 2주일 동안 미시시피와 뉴올리언스로 가서 의료 봉사 활동을 하였다. 이런 봉사 활동은 좋은 특별 활동에 들어가는 예이다. 그러나 우리가 꼭 어디에 이용하기 위하여 봉사 활동을 해서는 안된다. 항상 어려운 처지에 있는 사람들을 돕는 마음가짐이 매우 중요하다.

### 에세이

에세이는 자신을 나타낼 수 있는 좋은 기회이다. 어떤 학생들은 에세이를 남에게 부탁을 하려고도 하는데, 만약 TOEFL의 작문에서 성적이 좋지 않은데 에세이가 너무 좋다면 바로 의심을 받게 되니 조심해야 한다. 본인이 에세이를 쓴 다음 주위 사람에게 의견을 듣는 정도이어야 한다.

에세이는 좋은 대학일수록 더욱 중요한 입학요소이기에 평가하는 사람에게 많은 시간을 투자하여 최선을 다하였다는 인상을 줄 수 있어야 한다. 즉, 내용뿐만 아니라 철자나 문법, 문장의 짜임새 등을 철저하게 하여야 한다. 간단명료하면서도 너무 짧게 쓰지 말고 주어진 분량을 다 채우는 것이 좋다. 어떤 일에 대하여 쓴다면 그 일을 통하여 무엇을 배웠는지, 자기 인생에 미친 영향 등을 언급하는 것이 좋다.

우리가 살면서 다른 사람들과 좋은 대화를 나누고, 여러 사람 앞에서 훌륭한 연설을 하는 것은 매우 중요하다. 필자가 앞에서도 어린 나이에는 모든 것이 쉽게 배워진다고 언급했듯이 어린 나이에 책 읽기를 많이 시키고 글을 많이 쓰도록 교육을 시킬 필요가 있다. 미국에서는 public speech라 하여 연설하는 과목도 고등학교에서 수강하게 한다. 요즘은 한국의 대학들도 미국 공과대학에서 학생들을 어떻게 잘 가르치는지를 평가 및 인증하는 ABET(Accreditation Board for Engineering and Technology)라는 제도를 도입하여 학과들을 평가하고 있는데, 여기에 공과대학 교육의 목표가 (a)에서 (k)까지 11개가 있으며 그 중 하나인 (g) an ability to communicate effectively를 공과대학 교육의 목표로 하는 것을 보면 서로간의 의사소통이 얼마나 중요한지를 알 수가 있다. 필자의 학과에서도 학생들에게 필수적으로 이에 관한 과목을 듣게 한다.

가능하면 어떤 일을 경험한 후 그것에 대해 작문하는 습관을 들이는 것이 좋다. 그러면 자연스럽게 좋은 에세이를 쓸 수 있을 것이다. 학교에 따라 지정된 제목이 있기도 하고 본인이 임의로 정하여 할 수도 있는데, 시간이 임박해 쓰려고 하지 말고 오랫동안 심혈을 기울여 수정을 해야 한다. 또한 자신이 직접 경험한 일들을 소재로 삼고, 자신의 철학을 담아 표현하면 더 좋은 에세이가 될 것이다.

### 추천서

미국에서 추천서는 직장을 지원할 때나 학교에 입학할 때 매우 중요하다. 사립고등학교, 대학, 대학원 등에서 필수적인 서류이기 때문에 늘 추천해줄 수 있는 4~5명은 확보하고 있어야 한다. 보통 3명이 필요하지만 부재 중일 수도 있으니 자신을 잘 알고 있는 사람 중 좋은 추천서를 써줄 수 있는 사람이 더 필요하다. 한국 사람들을 보면, 서로간에 잘 모르더라도 직위가 높은 사람의 추천서가 더 좋겠다는 생각에 부탁하지만, 추천 편지에는 보통 몇 년간 어떤 관계로 알고 지냈는지를 명시해야 하니 거짓말을 하지 않는 이상 좋은 추천이 되기는 힘들다. 많은 학교에서는 카운슬러, 영어교사, 교감선생님 등에게서 추천을 받도록 되어 있으니 학교에 다니면서 선생님들과 좋은 관계를 유지하도록 노력하여야 한다.

미국 대학의 교수 지망 때도 3~4통의 추천서를 요구하는데, 이 추천은 사실 무엇보다 중요하다. 예를 들어, 그 분야에서 잘 알려진 유명한 사람이 이 사람은 창의력이 있고 인간관계가 좋다는 내용의 좋은 추천서를 써서 당신들의 학교가 이 사람을 고용하면 후회 없을 것이라고 한다면 아무것도 보지 않고 채용한다. 왜냐하면 미국에서는 유명 인사가 그 인지도가 있으므로 엉터리로 추천을 하지 않기 때문에 100% 신뢰한다. 그래서 유명한 사람들과 좋은 인간관계를 맺고, 또 좋은 이미지를 심어 주면 큰 이득이 되는 것이다.

한국 학생들의 인성교육 문제에 대하여 많이 들어 보았는데, 미국 학생들의 경우에도 청강시에는 담당교수를 만나면 인사를 하는 학생이 많으나, 학기가 끝난 후에는 길에서 보아도 본체만체 하는 경우가 많다. 이처럼 몇 년 전에 강의를 한번 듣고 얼굴도 기억이 잘 나지 않는데도 추천서를 부탁하는 것보다는 평상시에도 자주 만남을 가져 얼굴을 익혀 두면 훨씬 좋은 추천을 받을 수 있을 것이다. 특히 좋은 성적을 받았거나 그 교수로부터 자기가 인상적이었을 경우에는 좋은 인간관계를 계속 유지하면 좋다.

미국에서는 회사에서 직원을 해고할 때 사전에 연락을 하지 않고 바로 그만두게 하는 경우가 많다. 갑자기 예고도 없이 해고당한 직원은 얼마나 기분이 나쁘고 걱정이 많겠는가. 그러나 상사에게 점잖게 악수를 청하며, 다음에 기회가 있으면 자기를 불러 달라고 웃으면서 좋게 떠난다고 한다. 만약 언쟁이라도 붙어 왜 내가 나가야 하는지 등을 따진다면 그 사람은 그 다음 직장을 얻기가 거의 힘들다. 보통 새로운 직장에 서류를 내면 새 직장에서는 옛 직장의 supervisor에게 연락을 하여 어떤 사람인지 물어보아 같이 일을 해도 좋은지를 알아본다. 이때도 역시 좋은 추천이 있어야 한다.

약 15년 전 필자는 루이지애나 주립대학 교수로 있으면서 워싱턴 DC에 있는 미국 해군연구소(Naval Research Laboratory)에 안식년을 신청하였다. 연구과제에 대하여 세미나 초청을 받았고 신원 조회서류를 작성하였다. 상당한 시간이 걸린 후 국방부 요원이 학교로 찾아와 직접 면담을 했다. 신원 조회과정에서 몇 가지 놀란 사실은 아무리 군연구소라지만 신원 조회를 그렇게 철저히 할 수 있느냐는 것이었다. 작성한 서류가 조금씩 중복이 되는 것이 있었지만 30장 이상이나 되는 서류를 작성해야 했다. 본인과 아내, 자식뿐만 아니라 부모, 형제, 처부모까지도 기입해야 했으며, 부모, 형제, 자매, 자식은 각 한 장씩 할당되어 있었다. 지난 3년간 이웃에 살았던 사람 4명을 넣어야 하고, 경제적인 것, 법적인 문제 등 모든 것을 적게 되어 있었다. 옛 주소들과 직장의 상관 등도 기재하였다.

얼마 뒤 국방부 신원 조회자가 학교를 방문하여 나를 잘 알고 있는 학생, 교수, 사무직원 각 1명을 소개해 달라고 하면서 그들 각각에게 30분 정도의 시간 동안 나에 대한 의견을 물었다. 또한 학과장과도 같은 식으로 면담을 하였다. 본인인 필자에게는 개인의 사생활 정도까지 상세히 물어보았다. 몇 가지 예로, 술은 얼마나 하는지, 여러 사람 앞에서 옷을 벗은 적이 있는지 등 조금만 죄를 짓고 살아도 힘이 들 정도였으며, 이 모든 것을 요약하여 자기가 불러주는 대로 종이에 받아 적도록 하였는데 한 자라도 잘못되면 줄을 긋고 서명하고 빈 공간도 줄을 긋고 서명한 후 마지막으로 이 모든 진술이 사실임이 틀림없다고 성경에 손을 얹어 하나님 앞에서 맹세한 후 사인을 하였다. 듣기로는 살고 있는 동네에 가서 동네 사람들에게도 물어본다고 하는데 필자의 경우에도 그렇게 했는지는 알 수 없었다. 그리하여 몇 달 후 모든 서류작업이 끝나 해군연구소에서 일을 할 수 있었다. 6개월간의 방문자임에도 불구하고, 직원들과 같이 하루 중 오전은 남녀관계에 대한 영화 관람 및 성희롱에 대한 교육을 받았고 오후에는 선물과 뇌물에 관한 교육을 받았다.

그 일이 있은 지 얼마 후 볼티모어에 있는 국방과 연관된 마틴 마리아타라는 회사에 대학원 때 같은 연구실에 있던 미국 친구가 있어 연구비에 대한 정보를 받을 겸 회사시설을 구경하려고 방문한 적이 있었다. 그 친구가 말하길 자기가 필자의 신원에 관해서 조사를 받았다고 했다. 필자는 분명히 그의 이름을 적은 적이 없는데 어떻게 되었을까를 생각하니, 나를 잘 아는 사람이 누구인지를 필자의 지도교수에게 물은 후 그에게까지 연락을 하여 나에 대한 정보를 얻었음이 분명했다. 점심시간이 되어 구내식당에서 5불 정도의 식사를 하는데 그 친구가 필자의 소속이 어디인지 묻길래, 루이지애나 대학에 소속되어 있고 해군연구소의 방문 연구원이라고 하니 자기가 돈을 낼 수 있다고 했다. 만약 해군연구소 소속이면 자기들도 군사계통이어서 이 간단한 점심도 뇌물로 취급되어 낼 수가 없다고 하였다. 어떻게 보면 인간미가 없지만 아주 철저한 교육을 받았음을 알 수 있었다.

짧은 기간이었지만 해군연구소에서 보낸 6개월과 그 준비과정에서 필자는 많은 것을 배웠다. 우리는 항상 조심하고 정직하게 좋은 인간관계를 유지하며 살아야 한다는 것을 느꼈다. 별것 아닌 것 같은 임시 연구원에게도 이렇게 철저히 하는데, 고위직에 있는 사람들의 경우에는 국내·외적으로 많은 비밀들을 취급하고 많은 사람들을 다루어야 하니 얼마나 철저하게 하겠는가. 단 한번의 과음으로 동네에서 소란을 피워도 고위직에 갈 때는 어려움이 있으므로, 과거라는 역사를 필요한 시점에서 바꿀 수가 없기 때문에 현재에 최선을 다하며 떳떳한 삶을 살아야겠다고 느꼈다. 용서가 미덕이고 아름다운 전통이라는 것은 어디까지나 사적인 인간관계에 국한된 것이지 공적인 일에 적용되어서는 안될 것이다.

그 6개월 동안 매주 60시간 이상의 일을 하여 좋은 결과를 내었고, 매주 월요일마다 결과를 supervisor에게 보고를 하였다. Supervisor가 필자의 연구업적과 열성을 높게 평가하였기에, 필자는 추천서가 필요할 때 늘 그에게 부탁을 한다. 그때마다 너무 좋은 추천서를 써주니 얼마나 도움이 되는지 모른다. 루이지애나 주립대학에서 조교수에서 부교수로 승진할 때 추천서를 부탁하였고, 텍사스 대학으로 옮길 때나 정교수로 승진할 때도 그의 추천서를 사용하였다. 그의 추천서에는 자기들이 연구에 어려움이 있었는데, 필자가 자기들 연구소에 와서 좋은 결과를 내어 문제를 풀었다고 하면서, 필자는 문제가 있는 곳에서 문제를 해결해 주는 사람이라 자기 해군연구소에 고용하고 싶다는 강력한 추천을 해준다. 이렇게 좋은 관계는 돈으로 살 수 없는 파워를 가지고 있다. 미국 대학에서 승진할 때에는 승진 신청자 본인이 약 5명 정도 추천인을 천거하고, 학교에서 외부 대학에 약 10명 정도 추천인을 만들어 추천서를 받아 심사를 하는데 이 추천서는 승진의 가장 중요한 요소가 된다.

## TOEFL (Test of English as a Foreign Language)

토플은 외국인에게는 필수이다. 학업을 따라 가기 위하여 언어가 어느 정도인지를 알아보는 시험으로, 학교에서 원하는 성적 이상이면 되므로 꼭 높은 점수를 받아야 하는 것은 아니다. 토플에는 PBT (Paper Based Test), CBT(Computer Based Test)와 IBT(Internet Based Test)가 있다. 한국에서는 요즘 IBT로 보는 것으로 알고 있는데, IBT의 총점은 120점이고 약 4시간 정도 보며 reading, listening, speaking과 writing으로 구성되어 있다. 필자의 대학에서는 텍사스 주의 규정에 따라 최소한 550점(PBT), 213점(CBT), 79~80점(IBT)의 성적이 되어야 입학이 허가된다. 토플 성적은 높은 점수이면 더 좋겠으나, 일단 최저점수만 넘으면 되기 때문에 이 시험에 너무 많은 시간을 보낼 필요는 없다.

## PSAT

미국의 고등학생들은 11학년에 PSAT(Preliminary Scholastic Assessment Test)를 10월경에 본다. 이 PSAT는 SAT와 같이 영어, 수학 두 과목으로 만점은 240점이며, 미국 전역에서 상위 1%의 학생을 선발하여 National Merit Scholar를 뽑는 기준으로 삼는다. National Merit Semi-finalist는 약 1,400,000명의 PSAT 응시자 중 16,000명 정도만

된다. 많은 대학에서 학교에 이 학생들이 몇 명인지도 소개하여 학교의 우수성을 자랑하는 데 사용한다. 또 많은 학교에서는 National Merit Scholar에게 특별히 장학금을 주기도 한다. 최고의 명문 대학 학생들은 대부분 National Merit Scholar이다. 또한 여기에 포함되지 않은 흑인들을 위하여 National Achievement Scholar가 있고, 히스패닉을 따로 구분하여 National Hispanic Scholar상을 주기도 한다. 10학년에서도 같은 시험을 볼 수가 있는데 그 성적은 National Merit Scholar에는 적용되지는 않으나 연습으로 한번 볼 수 있다. 이 시험은 대학의 입학과는 관계가 없으나 입학원서에 적는 경력사항으로는 전국 시험이기 때문에 아주 좋은 것이다.

요즘 한국의 대학들도 조기입학 등 미국의 제도를 많이 따르고 있는 것 같다. 미국의 많은 대학들이 정규 입학 제도를 택하고 있으나, 최고 명문 대학들은 다른 종류의 입학 제도를 가지고 있으므로 그 용어들을 알아보도록 하자. 그리고 아이비리그 스쿨과 다른 명문 사립 대학에서는 어떤 입학이 있는지 도표로 알아보자. 학교마다 다르기 때문에 가고 싶은 학교가 어떤 입학 제도를 채택하고 있는지 해당 학교의 홈페이지 등을 통해 잘 알아보아야 한다.

### Regular Admission

많은 대학에서 시행하고 있는 입학 제도로, 보통 12학년 때 12월 말까지 원서를 접수시켜야 한다. 대개 3월 말이나 4월 초에 입학 통지서를 받게 된다. 학교에 따라서 모두 다르므로 가고 싶은 학교의 Admission Office의 홈페이지에서 정확한 정보를 받도록 한다. 보통 입학원서와 고등학교 성적 증명서, SAT, 추천서, 에세이를 요구한다.

외국인의 경우에는 TOEFL 성적이 필수이다. 고등학교 성적 증명서는 학교에 따라 다르나 9학년에서 11학년의 성적을 요구하기도 하고, 어떤 학교들은 10학년 11학년의 성적을 요구하기도 한다. 한국에서 서류를 제출할 때 고등학교 3학년 2학기에 재학 중이니 12월까지 접수하여야 할 경우에는 고등학교 3년의 봄 학기까지 성적을 넣으면 된다. 그리고 대부분 학교들의 경우 3월 내지 4월까지 서류를 제출하면 된다.

### Early Decision

이 제도는 합격이 되면 그 학교에 꼭 가야만 하는 제도이다. 12학년 11월에 입학서류를 제출하고 나면 12월에서 2월 사이에 입학여부를 통보받게 되는데, 입학이 허가되면 꼭 그 학교에 가야만 하니 한 학교 밖에 신청할 수 없다.

### Early Action

이 제도는 early decision과 거의 비슷하나 입학이 허가가 되어도 꼭 그 학교에 가야 할 의무가 없기 때문에 여러 군데 지원하여 한 학교를 선택할 수 있다.

### Rolling Admission

입학원서의 제출시기에 따라 입학 허가가 일정시간 뒤에 나오기 때문에 원서 마감일이 따로 있지 않고, 빨리 낸 만큼 입학이 허가되는 제도이다. Regular admission에 비해 일찍 입학이 허락될 수 있어 최종 입학을 결정하면 장학금이나 기숙사 선정 등에 도움이 되기도 한다.

### Early Admission

우수한 학생들에게 고등학교 졸업 전에 미리 입학을 허용하는 제도이다. 이 제도는 좋은 학생을 빨리 유치하기 위한 제도로, 고등학교에 재학 중이면서 대학에 풀타임 또는 파트타임으로 대학에 다닐 수 있도록 허용하는 제도이다.

## 학부 편입

한국에서 대학을 다니다가 미국 대학으로 편입을 하기는 어렵지 않다. 학교마다 다 다르겠지만 몇 학점 이상 이수했으면 편입이 되고 그 이하이면 신입생으로 고려된다. 편입으로 오면 SAT 성적이 필요없다. 그러나 외국인의 경우에는 TOEFL 성적이 필요한데, 입학하고자 하는 학교의 최저점수 이상만 되면 꼭 높은 점수가 아니어도 된다. 앞에서 언급했듯이 미국에서는 개인의 과거 history가 매우 중요한데, 학교의 성적은 조금 예외이다. 즉, 고등학교에서 성적이 좋지 않았다고 하자. 그러면 좋은 대학에 입학이 되지 않을 것이다. 좋지 않은 대학에 입학하여 좋은 성적을 받으면 학부 편입할 때 대학 성적 만 보고 고등학교 성적은 보지 않는다. 한국에서 대학을 다니다 미국의 대학으로 편입할 경우, 일반적으로 미국 대학들이 한국의 대학 랭킹을 잘 모르기 때문에 좋은 대학이나 그렇지 않은 대학의 평점을 상대적으로 평가하지 않고 있어 좋은 대학 출신들이 불리할 수도 있다. 미국에서는 그 이전 학교의 성적은 보지 않고 최근 2년간의 성적이 어떠한지만 평가한다.

예로, 필자의 대학을 한번 살펴보자. 뒤의 주립대학에 있는 도표에 나와 있듯이 UT Dallas 신입생의 상위 25%와 75%의 SAT 성적은 1,120점과 1,370점이고, 41%의 신입생이 고등학교에서 상위 10% 내에 들어 있는 것으로 보거나 다른 좋은 주립대학의 성적과 비교해볼 때 그렇게 쉽게 들어가는 학교가 아님을 알 수 있다. 그런데 다른 대학에서 평점이 2.5 이상이고 42학점 이상이면 편입자격이 되어 편입생은 자동으로 편입이 된다. 또 평점이 3.50~3.74 사이는 연 1,000불 장학금을 주고, 3.75~3.89점 사이는 연 1,500불의 장학금을 준다. 3.90점 이상은 연 2,000불의 장학금을 준다. 또한 연 1,000불 이상의 장학금을 학교에서 받으면 자동으로 텍사스 주민이 내는 등록금(연 7,330불)을 내게 된다. 주민이 아니면 연 15,580불이다. 29학점 미만일 경우에는 SAT와 고등학교 성적을 보게 된다. 이처럼 편입이 쉽고 장학금도 많이 주고 있다.

지난해 필자의 주선으로 한국의 모 대학에서 이곳으로 3학년 편입생 5명이 오게 되었는데, 이들은 필자의 대학과의 교류에 의해 연 1,000불의 장학금을 받으며 in-state tuition을 내게 되었다. 그 학생들은 한국 대학의 성적이 3.5 이상이어서 추가로 1,000불의 장학금을 받아 연간 총 2,000불의 장학금을 받았는데, 이들은 모두 좋은 대학원에 입학하여 장학금을 받으면서 학위과정을 밟을 예정이다.

## 아이비리그 스쿨

아이비리그 스쿨은 미국 명문 대학의 대명사로 되었는데, 여기에는 하버드, 예일, 프린스턴, 컬럼비아, 브라운, 펜실베이니아, 다트머스, 코넬의 8개 대학으로 구성되어 있다. 이들은 미국의 동북부에 위치하고 있는 미식 대학 축구의 리그로 시작하여 지금은 축구가 다른 리그들과 비교할 때 많이 뒤지지만 학업면에서는 8개의 대학 모두가 미국에서 상위 15위 안에 들어가는 명문으로 모든 학부모들과 학생들이 들어가고 싶은 대학들이다.

어느 부모나 자녀를 최고로 만들고 싶은 것은 당연하다. 그래서 당연히 최고의 명문 대학에 보내고 싶어한다. 명문 대학들은 어떻게 보면 그 사회의 리더를 양성하는 데 목표를 두고 있다.

그래서 단지 학업 성적만 보는 것이 아니라 과외 활동 등 여러 가지를 봄으로써 인간성을 보려고 한다. 이런 것들은 단지 아이들만의 사고로 되는 것 같지는 않다. 명문 대학에 들어간 아이들의 부모들을 보면 모두 부모들의 계획에 따라 아이들이 잘 따라준 것으로 보인다. 그러므로 부모들이 먼저 아이들의 먼 장래를 위하여 큰 꿈을 꾸는 것이 중요하다.

최고의 명문 대학을 가기 위해서는 한국에서 시험 한두 번 잘 봐서 가는 것과는 판이하게 다르므로 오랫동안 준비를 해야 한다. 사실 미국에서는 그 사람의 history를 아주 중요히 여긴다. 미국 생활에서 가장 중요한 것이 신용을 잘 유지하는 것이다. 한두 번 신용카드비나 아파트 임대료를 지체하게 되면 나중에 돈을 빌릴 때 이자율이 아주 높거나 빌려주지도 않는다. 대학 입학 역시 장기간의 좋은 history를 만들어야 한다.

아래 도표 1을 보면 입학률은 10%에서 20% 정도이니 약 5 : 1에서 10 : 1의 경쟁률이라 볼 수 있다. 하버드에서는 2007년도부터 early decision 제도를 폐지한다고 발표했다. 아마도 다른 대학들도 regular admission으로 바뀔 가능성이 높다. Early acceptance율은 평균이 20~30%라고 보면 된다. 이밖에 고등학교에서 상위 10% 내에 들어가는 학생이 대부분이고, 입학생의 상위 25%와 75%의 SAT 성적을 보여주며, 등록금은 대충 35,000불, 등록금과 기숙사비를 합한 전체 경비는 대략 44,000불 정도이다.

**도표 1. 아이비리그 학교의 입학률, 입시 유형, 조기입학률, 고등학교 상위 10% 비율, 입학생의 상위 25/75%에서의 SAT 점수 및 학비 (US News & World, 각 학교 홈페이지 참고)**

| School | Acceptance Rate | Early Action or Decision | Early Acceptance Rate | Top 10% of High School Class | SAT (25/75%) | Tuition, Fee, and Room/ Board |
|---|---|---|---|---|---|---|
| Brown | 15% | decision | 23% | 90% | 1,330~1,540 | $ 43,168 |
| Columbia | 13% | decision | 26% | 92% | 1,340~1,540 | $ 44,814 |
| Cornell | 27% | decision | 38% | 81% | 1,290~1,480 | $ 43,757 |
| Dartmouth | 17% | decision | 30% | 87% | 1,350~1,550 | $ 43,341 |
| Harvard | 9% | Action/none (beginning 2007) | 21% | 96% | 1,400~1,580 | $ 43,655 |
| U Penn | 21% | decision | 29% | 94% | 1,340~1,520 | $ 43,960 |
| Princeton | 11% | decision | 26% | 94% | 1,380~1,560 | $ 42,870 |
| Yale | 10% | action | 20% | 95% | 1,400~1,580 | $ 43,230 |

미국 대학의 특히 명문 대학들은 내신 성적과 SAT 등의 학업 성적이 아주 좋아도 합격이 되지 않는 경우도 많다. 단지 학업 자체만 보는 것이 아니라 미래의 리더로서의 잠재성과 사회에 영향을 끼칠 수 있는 인재를 찾기 때문이다. 많은 한국 부모들과 신문을 통하여 필자가 느낀 점은 미국의 명문 대학에 가기 위해서는 과외 활동이 가장 중요한 것처럼 이야기하는 것을 보았다. 그래서 이곳에 조기유학을 온 아이들이 무슨 악기 하나는 꼭 하여야 하고 미술도 잘하여야 하는 것으로 착각하고 있는 사람들을 많이 보았다. 다시 말하지만 제일 중요한 것은 학업 성적이다. 학업 성적으로는 고등학교 내신 성적이 제일 중요하고 SAT I, SAT II 등도 중요하다. 명문 대학에 원서를 내는 학생들은 모두 다 학업에 뛰어나다고 보면 된다. 모두가 학업 성적이 우수하면 어떻게 학생을 선발하겠는가. 그래서 학업 다음으로 중요한 것을 보고, 이것으로도 변별하기 어려우면 그 다음 중요한 것을 평가하지 않겠는가. 예능도 어느 정도가 되고, 여러 가지 면에서 남들과 잘 어울릴 수 있는 균형 잡힌 사람이 되어야 하는 이유가 바로 여기에 있다.

많은 대학들이 인종별로 쿼터가 있어서 아시아인의 경우, 특히 남학생의 경우에는 명문 대학에 들어가기가 더 어렵다고 알고 있다. 미국에서 아시아 인구는 약 5%인데 아시아 학생들이 학구열이 높은 관계로 이들의 비율이 하버드 18%, MIT 27%, 스탠퍼드 24% 등으로 높기 때문에 어떻게 보면 아시아 학생끼리 경쟁을 한다고 보면 된다. Affirmative action으로 인하여 아시아계 학생들이 많은 손해를 보는 것 같다. 이것은 소수계 보호정책으로 흑인이나 히스패닉이 점수가 낮아도 입학을 시켜주는 제도이다. 이처럼 대학은 다양한 인종의 분포를 원하기 때문에 한국 학생들은 더 열심히 공부를 해야 명문 대학에 들어갈 수 있다. 캘리포니아 대학들은 이 정책을 폐지하였기에 UC 버클리에는 아시아인이 40%를 넘고 있다.

현재 예일 대학의 1학년에 다니고 있는 중국계 학생인 Jian Li는 SAT I에서 2,400점 만점을 받았고, 여러 가지로 우수한데도 프린스턴을 비롯한 3개의 아이비리그와 MIT 및 스탠퍼드에서 불합격이 되어 인종차별이라고 Office of Civil Rights에 프린스턴 대학을 상대로 고소를 하여 결과가 주목되고 있다.

지난해 부산의 과학영재고등학교를 방문했을 때 그 다음날 아이비리그 학교에서 입학 담당자가 방문한다는 이야기를 들었다. 이처럼 한국의 좋은 학교에 아이비리그 학교의 입학 담당자들이 방문하는 것은 좋은 학생을 유치하고 다양한 학생 분포를 원하기 때문이다.

## 명문 사립대학

미국의 사립대학은 연구 중심의 종합대학과 교양 교육을 중요시하는 Liberal Arts College, 이 두 가지로 나눌 수 있다. 한국 사람들은 주로 이름이 많이 나 있는 큰 종합대학인 Research University를 좋아하나, 작은 규모의 Teaching School인 Liberal Arts 학교들인 Williams나 Amherst 같은 대학들도 좋은 명문이다. 큰 대학들은 대형 교실을 이용하여 100명 이상의 학생들이 한 교실에 들어가기도 하나, 이런 종류의 학교들은 학생과 교수의 관계도 좋고 보통 강의 조교가 가르치는 것도 없으며 훨씬 가족적인 분위기이다. 아래의 도표 2에서 보면 명문 사립대학의 등록금은 아이비리그와 거의 비슷하다. 사실 다른 사립대학들도 거의 비슷하다고 보면 된다. 필자의 큰 아들이 스탠퍼드를 졸업하여서 그런지 스탠퍼드는 더 마음에 드는 것 같다. 스포츠도 여러 종목에서 잘하여 각 시즌마다 응원도 할 수 있어 좋다. 테니스, 골프, 수영 및 구기 종목들 모두가 잘하는 편이다. 한국의 자랑인 미셸 위도 타이거 우즈가 다녔던 스탠퍼드로 가기로 하였다고 한다. 캠퍼스도 아름답고 학과들도 이과나 문과나 모든 분야에서 우수하며, 주위의 주거 환경이 아주 좋다. 필자의 아들은 어릴 적부터 운동을 좋아하여 모든 운동을 잘하는 편인데, 특히 캘리포니아에서는 스노우보딩, 서핑, 래프팅을 즐길 수 있어서 다른 곳으로 가지 않겠다고 하여 학부를 졸업하고 의과대학도 스탠퍼드로 가게된 것 같다. 전문의 과정도 스포츠를 좋아하기에 정형외과의 sports medicine을 전공하려고 한다.

**도표 2. 다른 명문 사립대학의 입학률, 입시 유형, 조기입학률, 고등학교에서 상위 10% 비율, 입학생의 상위 25/75%에서의 SAT 점수 및 학비 (US News & World, 각 학교 홈페이지 참고)**

| School | Acceptance Rate | Early Action or Decision | Early Acceptance Rate | Top 10% of High School Class | SAT (25/75%) | Tuition, Fee, and Room/Board |
|---|---|---|---|---|---|---|
| MIT | 14% | action | 13% | 97% | 1,430~1,570 | $ 43,550 |
| Stanford | 12% | action | 16% | 89% | 1,360~1,550 | $ 43,361 |
| Caltech | 20% | action | 22% | 94% | 1,470~1,580 | $ 36,123 |
| Duke | 24% | decision | 31% | 88% | 1,360~1,540 | $ 43,542 |
| Chicago | 40% | action | 40% | 79% | 1,350~1,530 | $ 44,933 |

## 명문 주립대학

명문 주립대학에 입학하는 것도 쉽지는 않다. 캘리포니아의 로스앤젤레스에서 들은 이야기인데, 캘리포니아에 거주하고 있는 많은 한국인들이 자녀를 어떻게 하면 University of California 주립대학에 넣을 수 있을까 혈안이 되어 있다고 한다. 학비가 그 주의 거주자이기에 싼 것도 있지만 8개의 캠퍼스가 모두 상위 랭킹에 들어 있는 아주 우수한 대학들이다. 특히 UC 버클리와 UCLA는 주립으로는 최고의 대학들이다. 주립대학들의 입학정보는 다음 도표 3과 같다. 많은 주립대학들이 rolling admission 제도, 즉 오는 대로 심사를 하여 입학을 허가하기 때문에 빨리 지원하는 것이 유리하다. 인원이 차면 더 이상 원서를 받지 않는다.

필자가 유학을 올 때에만 해도 외국에서 공부를 한 사람들이 많지 않아 미국 대학이 어떤지 잘 알기 힘들었다. 겨우 USIS에 가서 미국 대학의 리스트를 보고 결정해야 하니 어떤 학교인지 잘 모르고 지원하는 경우가 많았다. 필자의 경우에는 이 책의 추천서를 써 주신 서울대학교 전자전기공학과의 이종덕 교수님이 University of North Carolina at Chaple Hill에서 물리학으로 박사학위를 받으셔서 어떤 학교가 좋은지를 여쭈어보니, USIS의 리스트에서 괜찮은 주립대학을 골라 주셨다. 미국에는 좋은 대학들이 많지만 필자가 직접 그 중 4~50개의 대학들을 골라 도표(도표 3)를 만들어 보았다. 대학의 전체적인 평가 외에도 그 학교에서 자기가 전공하려는 분야가 얼마나 좋은지도 알아보아야 한다. 사립대학과 등록금을 비교하면 적은 편이나 어떤 주립대학들은 거의 사립대학 수준의 등록금을 받기도 한다.

**도표 3. 명문 주립대학의 입학률, 입학생의 상위 25/75%에서의 SAT/ACT 점수, 고등학교에서 상위 10% 비율(US News & World, 두 자리 숫자는 ACT 점수임)**

| School | Acceptance Rate | SAT or ACT (25/75%) | Top 10% of High School Class |
|---|---|---|---|
| University of California-Berkeley | 27% | 1,220~1,450 | 99% |
| University of Michigan-Ann Arbor | 57% | 26~31 | 89% |
| University of Virginia | 38% | 1,220~1,430 | 86% |
| University of California-Los Angeles | 27% | 1,170~1,410 | 97% |
| U. of North Carolina-Chapel Hill | 37% | 1,210~1,390 | 74% |
| Georgia Institute of Technology | 68% | 1,250~1,440 | 66% |
| Univ. of California-San Diego | 44% | 1,150~1,370 | 99% |
| Univ. of Illinois-Urbana Champaign | 75% | 26~31 | 48% |
| University of Washington | 67% | 1,100~1,320 | 82% |
| University of California-Irvine | 60% | 1,110~1,310 | 98% |
| University of California-Davis | 61% | 1,060~1,300 | 95% |
| Univ. of California-Santa Barbara | 53% | 1,090~1,320 | 96% |
| University of Florida | 57% | 1,160~1,360 | 85% |
| University of Texas at Austin | 51% | 1,110~1,360 | 68% |
| Univ. of Maryland-College Park | 49% | 1,180~1,370 | 64% |
| Ohio State University-Columbus | 74% | 24~28 | 39% |
| Rutgers-New Brunswick(NJ) | 61% | 1,110~1,320 | 36% |
| Texas A&M-College Station | 70% | 1,090~1,310 | 50% |
| University of Georgia | 65% | 1,130~1,330 | 52% |
| Purdue Univ.-West Lafayette(IN) | 85% | 1,030~1,260 | 27% |
| University of Iowa | 84% | 22~27 | 22% |
| University of Connecticut | 51% | 1,090~1,280 | 37% |

**도표 3. 계 속**

| School | Acceptance Rate | SAT or ACT (25/75%) | Top 10% of High School Class |
|---|---|---|---|
| University of Delaware | 47% | 1,110~1,300 | 37% |
| Univ. of Minnesota–Twin Cities | 71% | 23~28 | 34% |
| Clemson University(SC) | 57% | 1,130~1,320 | 45% |
| Indiana Univ.–Bloomington | 85% | 990~1,230 | 25% |
| Michigan State University | 76% | 22~27 | 26% |
| Univ. of California–Santa Cruz | 75% | 1,050~1,270 | 96% |
| Univ. of Colorado–Boulder | 88% | 23~28 | 22% |
| Virginia Tech | 72% | 1,110~1,290 | 37% |
| Iowa State University | 90% | 22~27 | 24% |
| NC State University | 66% | 1,090~1,280 | 36% |
| SUNY–Binghamton | 43% | 1,160~1,350 | 47% |
| Univ. of Missouri–Columbia | 89% | 23~28 | 27% |
| Univ. of Tennessee | 74% | 23~28 | 34% |
| SUNY–Stony Brook | 51% | 1,080~1,280 | 34% |
| University of Arizona | 88% | 1,000~1,250 | 34% |
| Univ. of Mass.–Amherst | 80% | 1,030~1,250 | 19% |
| Univ. of Missouri–Rolla | 92% | 24~30 | 38% |
| University at Buffalo–SUNY | 57% | 1,050~1,240 | 24% |
| Arizona State University | 91% | 990~1,230 | 27% |
| Louisiana State University | 73% | 22~27 | 25% |
| University of Texas–Dallas | 51% | 1,120~1,370 | 41% |

## 전공 선택

전공과목 선택은 평생 동안의 생활과 관계가 있어서 매우 중요하다. 대학에서 전공을 선택할 때 가장 중요한 것은 본인이 제일 좋아하는 분야를 선택하는 것이다. 보통의 경우에는 어떤 분야가 본인의 적성에 잘 맞는지 모르는 경우가 대부분일 것이다. 본인의 적성도 잘 모르고 어떤 분야를 전공으로 선택해도 괜찮다고 한다면 어떻게 전공을 정해야 할까. 대답은 아주 간단하지 않겠는가. 제일 장래성이 있고 봉급이 높으며 사회적으로도 인정받는 분야가 될 것이다. 그런데 본인의 적성을 분명히 알고 있고 원하는 분야가 있어도 취미나 적성은 별로 생각하지 않고 경제성과 사회적인 인정에 의해 전공을 선택한다면 문제가 많다. 즉, 어느 분야가 돈이 많다고들 하면 적성을 고려하지 않고 이리저리 몰리기 때문에 학문에 큰 발전도 없고, 취업을 한 후에도 직업에 대한 만족도가 떨어져 인생이 더 피곤해진다.

1998년도 미국의 스탠퍼드 대학의 입학식에서 현 미국의 국무장관 콘돌리자 라이스가 그곳에 교무처장으로 재직 중이었을 때, 그 분이 입학식에서 연설한 내용이 아직도 기억에 생생히 남아 있다. 연설 중에서 우리 학교의 교육 목표는 여기 오신 학부형들을 2년 후에는 깜짝 놀라게 하는 것이라 했다. 미국에서도 보통 의사란 직업이 수입이 아주 높을 뿐더러 사회적인 인식도 좋아, 많은 경우 대학을 들어가면서 4년 졸업 후 의과대학에 입학하려는 학생들이 많다. 그 때문에 대학을 들어오면서 대학을 졸업하고 의과대학으로 진학하여 자녀가 의사가 되기를 많은 부모들이 원한다. 이것은 1년에 4~50,000불의 등록금을 지불하는 부모의 당연한 바람일 것이다. 그런데 라이스는 학생들이 1~2년 대학생활을 하면서 수업 중에나 학생들끼리의 토론을 통하여 자기에게 가장 잘 맞고 제일 하고 싶은, 그러나 직장도 구하기 힘들고 직장을 구해도 봉급이 얼마 되지 않는 고고학 등을 전공하기로 하여 부모를 놀라게 하는 것이 자기 학교 교육의 목표라고 하였다. 표현이 황당하기는 하나 이것은 너무나 바람직한 학교 교육의 목표인 것 같다.

한국은 지난 어려운 시절에 무조건 잘 살아보겠다는 일념으로 적성이나 취미에 상관없이 돈을 잘 벌 수 있는 분야를 선택한 학생들이 많았다. 또한 명예 때문에 싫어도 하는 수 없이 원하지도 않는 학과를 선택하는 경우도 있었다. 더구나 전공을 바꿀 수 없는 제도 때문에 좋든 싫든 4년을 마쳐야 했다. 필자의 경우도 원래 수학을 좋아하여 수학과에 진학하려고 했으나, 고등학교 3학년 담임선생님께서 이제 컴퓨터도 나오고 하는 시대이니 전자과를 전공하면 돈을 많이 벌 수 있다고 하여 적성에도 맞지 않는 전자과에 대학 입학을 하게 되었다. 아직도 수학을 하였으면 더 재미있지 않았을까 하는 미련이 남아 있다. 사실 수학에 취미를 붙이면 대학까지는 아주 쉬운 과목이다. 왜냐하면 늘 답이 있고 기계적으로 풀기만 하면 되기 때문이다. 그러나 대학 이후에는 아주 힘든 과목임에 틀림없다. 수학을 전공했으면 잘 했을지는 모르겠으나 아직도 길을 잘못 든 것은 아닐까 하는 생각이 들기도 한다. 다행히 전자과를 택한 덕에 수학과보다는 직장을 구하기도 유리하였고, 봉급도 수학과 교수보다 많으니 그것으로 위안을 삼기도 한다. 미국 대학 졸업자의 초임 부분에서 다시 언급하겠지만 미국 대학 교수들의 봉급은 전공학과마다 크게는 2~3배까지 차이가 있고, 각자 능력에 따라서도 많은 차이가 있다.

한국은 대학 입학시에 있어 제일 큰 문제가 어떤 전공을 선택할 것인가, 즉 학과 선택인데 한번 잘못 결정하면 어떤 경우에는 평생 동안 후회하게 된다. 대학 중에 전공을 바꿀 수가 없어 수업 중에 다른 공부를 하는 학생도 많다는 이야기를 들어 본 적이 있으며, 어떤 경우에는 1년 후 대학 입학시험을 다시 봐서 새로운 전공을 선택하기도 하는 것 같았다. 그러나 미국에서는 전공 선택이 그렇게 중요하지 않다. 왜냐하면 많은 대학이 입학 후 2년 뒤까지 전공과목을 선택하면 되고, 또한 전공을 바꾸는 것도 그렇게 어렵지 않기 때문에 자기 적성에 맞지 않는다고 생각되면 언제든지 쉽게 전공과목을 바꿀 수 있도록 융통성 있게 교육제도를 운용하기 때문이다. 그러나 학과의 정원제도가 없어 인기 있는 학과는 많이 몰리고 그렇지 않은 학과는 학생이 없어 곤욕을 치르기도 한다. 한국에서 만큼 심하지는 않지만 이곳에서도 보통 직장이 잘 잡히고 임금이 높은 곳은 학생들이 많이 몰리고, 사양 산업쪽의 학과는 비인기학과이다. 미국의 교수는 보통 tenure-track에 임용 후 6~7년 뒤에 tenure를 받게 되면 종신직이라 본인이 그만둘 때까지 나이에 상관없이 교수직에 있을 수 있다. 그렇지 않은 경우에는 학교를 떠나야만 한다. 한국의 대학에서는 임용 후 거의 모두 65세까지 근무하게 되나, 미국에서는 학교마다 다르지만 특히 명문 대학에서는 많은 교수들이 이 tenure를 못 받아 중도에 학교를 떠나기도 한다. 학생수가 적어지면 몇 년 후에 학교 당국에서 수지가 맞지 않기에 그 학과를 폐강시키게 되는데, 이런 경우 교수는 자동으로 종신직인 tenure가 없어지게 되어 교수직에서 물러나게 되어 있다. 필자의 경우에는 다행히 오래 전에 tenure를 받은 관계로 그만둘 때까지 교수로 일을 할 수 있다.

## 대학 전과 및 전학

앞의 전공 선택에서도 언급했듯이 미국 대학에서 전공학과를 바꾸는 것은 그렇게 어렵지 않다. 본인이 평생 그 전공 분야에서 일하기가 힘들다고 생각이 든다든지, 아니면 전공이 너무 어려워 졸업을 하기가 힘들고 학점을 잘 받을 수 없다고 생각이 되면 다른 학과로 전과를 할 수가 있다. 이런 이유로 미국 대학에서는 많은 공과대학 학생들이 학점을 잘 따지 못하여 다른 학과로 전과를 하기 때문에, 공과대학은 학생들을 그 학교로 recruit하여 다른 분야로 보내주는 곳처럼 되어 있다.

한국에서도 대학을 졸업하고 취업하는 학생들이 본인이 대학에서 전공한 분야가 아닌 곳에서 일하는 경우가 아주 많다고 한다. 특히 취업률이 낮은 인문 사회계 학과에서는 더욱 심한 것 같다. 4년 동안 학비와 시간이며 부모들의 뒷바라지를 생각하면 너무 안타까운 일이다. 또한 대학을 나와 막노동하는 사람들도 있다고 하니 국가적으로 손실이 이루 말할 수 없다. 대학이 너무 많아서도 그렇겠지만 입학할 때부터 원하지 않는 전공으로 입학을 했기 때문이라고 필자는 생각한다. 한국의 대학들도 이처럼 전공을 바꿀 수 있는 제도를 도입하는 것이 바람직하리라 본다.

미국에서는 대학 전학도 마찬가지로 어렵지 않다. 미국에 유학을 와서 다니는 학교가 마음에 들지 않거나, 너무 힘이 든다고 생각이 되면 원하는 학교에 입학원서를 제출하고 전학을 하면 된다. 미국 내에서 전학은 쉬운 편이지만 시간이 걸리는 일이니 전학을 결정하면

서둘러 서류를 제출하여야 한다. 전학서류는 한국에서 유학을 올 때와 같은 서류가 필요하다.

## 대학 조기 졸업

미국 대학의 자료에는 4년이나 6년만에 몇 퍼센트가 졸업하는지, 아니면 입학 1년 후 몇 퍼센트가 방학 후 돌아오는지 등이 언급되어 있다. 4년만의 평균 졸업률은 26%이고, 6년만에는 53%이다. 명문 사립대학들은 졸업률이 높으나 많은 주립대학들은 그렇게 높지를 않다. 그 이유 중에는 많은 학생들이 돈을 벌면서 파트타임으로 학교를 다니는 학생들이 많고, 전공을 이리저리 옮겨 다니기 때문이다. 반면에 졸업을 빨리 하려면 3년만에 졸업하는 것은 어렵지 않다. 왜냐하면 여름 학기마다 과목을 듣게 되면 3년이면 충분하기 때문이다. 어떤 학생의 경우에는 고등학교 때 들은 AP 성적을 이용하여 그 과목을 면제받아서 2년만에 졸업하였다. 그러나 1년 일찍 돈을 벌거나 사회생활을 시작하는 것보다 4년 동안 대학생활을 하면서 여러 경험을 쌓는 것이 더 좋을 것 같다.

미국에서는 고등학교 12학년을 마친 후 대학에 원서를 내어 대학 4년을 다니게 되는데, 고등학교에서 대학과정의 수업 즉 AP 과목을 많이 들었던 학생들은 2년만에 대학을 졸업하기도 한다. 한국의 몇몇 고등학교에서도 AP 과목을 개설한 것으로 알고 있는데, 고등학교 때 AP 과목을 이수하지 않아도 여름 학기까지 하게 되면 대학을 3년만에 졸업하기란 그렇게 어렵지 않다. 그러나 너무 일찍 졸업하는 것은 권하고 싶지 않다. 왜냐하면 대학생활은 성장기에 정신적으로 아주 중요하여 지성이 제대로 성숙되어 가는 과정이기에 정상적인 4년의 과정을 권하고 싶다. 필자가 아는 사람 중에서 자녀가 2년만에 대학을 졸업하게 된 것을 후회하는 것을 본 적이 있다. 우리들이 종종 들어 보는 천재라고 하는 소년들이 제대로 성공하였다는 이야기를 들어 본 적이 별로 없다. 왜냐하면 그들이 자기 나이에 맞는 행동을 하고 같은 또래의 친구가 있어야 하는데, 혼자 생활을 하면서 사회생활에 큰 문제점을 갖게 되기 때문이다. 학업 성취도가 계속적으로 올라가기 보다는 어느 정도에서 포화상태를 나타내어 더 이상 발전하지 않는 것이 보통이기 때문이다. 따라서 1~2년 앞만 바라보지 말고 인생을 길게 보고 여유 있게 생각해야 한다.

### 미국의 대졸 초임

미국에서 대학 졸업생의 평균초임을 조사한 다음의 도표(도표 4)를 살펴보자. 일반적으로 졸업학교가 좋을수록 초임이 높다. 전공별로는 공과대학 졸업생이 높은 임금을 받으며, 그 다음이 경영대학, 순수과학, 인문 사회계통 순이다. 예능 분야는 아마도 그 다음이 될 것이다. 이것은 사람마다 다 다를 것이고, 개인 역량에 달려 있기에 한 마디로 말할 수는 없다.

필자가 살고 있는 도시에는 초·중등 교사의 초임이 9개월에 42,000불 정도 된다(미국에서 교사는 9개월 월급이다. 여름방학 중에는 쉬기 때문에 봉급이 없다). 경찰은 고졸이면 지원할 수 있는데 초임이 약

40,000불 정도이고, 소방관이 45,000불 정도이다. 필자가 근무하고 있는 전기공학과의 학부 졸업생의 평균초임은 61,000불이다. 대학 교수의 경우에는 경영대학의 교수는 초임이 보통 100,000불 이상으로 교수 중에서는 최고이다. 이와 같이 전공에 따라 미국에서는 봉급이 천차만별이다. 어떤 이들은 미국에서 공부를 많이 하면 잘 못 산다고들 하는 이야기를 하기도 한다. 왜냐하면 비즈니스를 하는 사람들이 경제적으로 풍족하기에 상대적으로 하는 이야기일 수 있고, 또한 적은 수입의 전공 분야에 있는 사람을 보고 이야기할 수도 있다. 필자가 보기에는 공부를 많이 하면 할수록 일반적으로 수입도 더 많다. 그런데 가장 중요한 것은 본인이 취미가 있는 분야에서 일을 하여야 재미도 있고 발전도 있다는 것이다. 앞에서 언급하였듯이 왜 한국인 수학 교수가 미국 최고의 대학인 하버드, 예일, 프린스턴, MIT, 스탠퍼드에는 없는지 한번 생각해볼 문제이다. 임금에 따라 전공을 선택할 것이 아니라, 어떤 일을 해야 본인이 가장 보람되고 행복할 것인지를 염두에 두어야 할 것이다. 도표 4는 미국 대학 졸업생의 초임을 나타낸 것이다.

**도표 4. 미국 대학의 2005년 졸업생의 평균초임**

(CNN Money, 2005년 4월 19일자)

**WHAT'S A DEGREE WORTH?**
Here are some average starting salaries for the class of 2005:

| MAJOR | | VS. 2004 |
|---|---|---|
| Chemical engineering | $54,256 | +4.3% |
| Electrical engineering | $52,009 | +2.5% |
| Computer engineering | $51,496 | -2.0% |
| Computer science | $51,292 | +2.6% |
| Mechanical engineering | $51,046 | +4.1% |
| Aerospace engineering* | $50,701 | +9.0% |
| Industrial engineering | $49,541 | +1.8% |
| Accounting | $43,809 | +3.9% |
| Information sciences | $43,732 | -0.8% |
| Civil engineering | $43,462 | +4.0% |
| Economics/finance | $42,802 | +5.1% |
| Business administration | $39,448 | +3.2% |
| Marketing | $37,832 | +6.0% |
| Liberal arts | $30,337 | +4.2% |

Source:
National Association of Colleges and Employers

*Also aeronautical and astronautical engineering degrees

학교를 다니는 목적 중에 가장 큰 이유가 좋은 직장을 구하는 것일 것이다.

앞에서 적성과 취미가 있는 전공을 선택하는 것이 좋다고 했는데, 거기에 맞는 직장에 이력서를 넣어야 한다. 이력서에 본인의 모든 것을 넣어서 채용자가 보고 관심을 갖게 해야 한다. 보통 이력서는 상당히 많이 보낸다. 만약에 어떤 회사에서 사원을 구한다고 할 때에 수백 장 내지 수천 장의 이력서를 채용자가 읽게 된다. 대학 입학시에 입학 사정관이 원서를 볼 시간이 많이 없듯이 채용자가 그 많은 이력서를 꼼꼼히 읽을 시간은 없다. 그러니 그 담당자가 본인의 이력서를 다 읽어볼 수 있도록 관심을 끌 만큼 잘 작성해야 한다. 별 관심이 없으면 서류심사에서 통과하지 못하고 면접 기회를 얻지 못하게 되는 것이다. 본인이 한 일이 무엇이며 어떻게 그 회사가 성공할 수 있도록 도와줄 수 있는지 가능하면 구체적으로 서술해야 한다.

그리고 면접심사시 전화로 연락이 오므로 항상 준비하고 있어야 한다. 즉, 갑자기 전화가 올 때 어떻게 답변해야 할지 미리 준비를 해두어야 하는 것이다. 면접을 보러 가게 되면 첫인상을 좋게 심어줄 수 있도록 겸손하면서도 자신감 있게 자신을 표현해야 한다. 본인이 할 수 있는 일들을 너무 과장하지 않고 솔직히 구체적으로 표현해야 한다. 절대로 다른 사람들을 비방하거나 부정적인 말을 해서는 안되며 긍정적이어야 한다. 채용이 되면 봉급도 어느 정도 협상하는 것은 보통 있는 일이다. 그리고 좋은 인간관계를 맺으면 많은 사람으로부터 도움을 받아 일을 잘 수행할 수 있다. 최선을 다하면서 나의 회사라는 생각으로 일을 하면 꼭 성공하리라 본다.

## 학점 관리

대학에 입학하기 위하여 고등학교의 좋은 내신 성적이 필요하듯이 대학을 졸업하고 직장을 구하거나 대학원에 진학할 경우에도 제일 중요한 것이 대학 성적이다. 그래서 성적관리를 잘하여야 하는데, 학부 1학년으로 유학을 오는 경우에는 첫 1년이 언어 문제나 문화 차이로 인해 매우 힘이 들 수 있다. 그래서 첫 1년은 가능하면 잘할 수 있는 과목을 수강하는 것이 좋다. 한국 학생들이 수학이나 과학 과목들을 잘할 것이므로 그런 과목을 위주로 듣고, 미국 역사나 행정 등 미국 학생과 차이가 많이 나는 과목은 영어가 더 쉬워지고 상식이 더 높아진 다음 학년으로 미루는 것이 바람직하다.

그리고 앞에서 언급했듯이 AP로 들은 과목이 있으면 인정을 받을 것이 아니라, 그 과목을 수강하여 전체 학점을 높게 하는 것이 좋으리라 본다. 만약에 수강신청을 했는데 계속 강의를 듣기가 어렵다고 느껴지면 수강을 포기하는 것이 낫다. 학교에 따라 나쁜 성적을 다시 수강하여 좋은 학점으로 바꿀 수 있는 학교도 있고, 그렇지 않는 학교도 있다. 가능하면 좋은 학점을 받도록 해야 한다.

좋은 학점은 장학금을 받는 데 아주 유리하다. 과제나 프로젝트 등에 잘 모르는 것이 있으면 항상 담당교수나 조교를 찾아가서 물어보는 것이 좋다. 많은 학생들이 교수를 찾아가는 것을 꺼려하는데, 너무 엉터리 같은 질문을 하지 않는 이상 교수들은 열심히 하려고 상담하러 오는 학생들을 좋아한다.

## Part-Time Job (아르바이트)

많은 미국 대학생들은 파트타임으로 일을 하고 있다. 어떤 미국 부모들은 형편이 괜찮은데도 학비를 지원해 주지 않고 자녀들이 혼자 공부를 하게 두니 필요한 학자금을 마련하기 위하여 일을 하는 경우가 있으며, 또 용돈을 마련하기 위하여 일을 하기도 한다. 그래서 4년 만에 졸업하는 비율이 제법 낮다.

필자의 경우에는 자녀들이 학기 중에는 학업에만 전념하도록 일을 하지 말라고 한다. 왜냐하면 어떤 일이든지 하게 되면 많은 시간을 그것에 할애해야 하기 때문에 당연히 학업 성적이 떨어지게 되어 있다. 학생들은 시간당 7~8불에서 기술직의 경우 시간당 20불 정도 받기도 하나, 성적이 좋지 못하면 나중에 시간당 50~100불 받을 수 있는 직장을 놓칠 수 있기 때문이다. 그러나 여름방학 동안은 3개월간 풀타임으로 한 달에 2~3,000불을 받을 수 있는 일을 하기도 한다. 유학생인 경우에는 학교 내에서만 일을 할 수 있기 때문에 학교 내의 식당이나 사무실, 연구실 등에서 일을 할 수 있다. 필자의 아이들 경우에는 장래 의과대학을 가려고 하니 운동선수의 마사지나 실험 조교 등으로 일주일에 몇 시간씩 일을 했다. 그러나 여름방학 동안은 풀타임으로 제약회사 등에서 일을 하였다.

유학생으로도 여름방학 동안에 외부에서 일을 할 수 있는데, 학교의 허락을 받으면 가능하다. 자기의 전공 분야에 인턴십으로 방학 중에 일하는 것은 바람직하다. 단지 돈을 벌기 위한 목적으로 일을 한다면 필자는 권하고 싶지 않다. 사실 한국 학생의 경우에는 한국인이 경영하는 가게에서 일을 하려면 쉽게 일자리를 구할 수 있으나, 이 경우 불법으로 일을 하는 것이므로 해서는 안된다. 항상 법을 잘 준수하려고 노력해야 한다. 다시 말해, 다음 단계를 위해 경력을 쌓기 위한 파트타임 일은 매우 권장할 만하나 순전히 돈을 벌기 위해 일을 하는 것은 좋지 않다. 돈이 꼭 필요한 경우에는 돈을 빌려서라도 학업에만 열중하는 것이 좋다.

# 07. 대학원 입학

대학에서는 일정의 필수과목을 포함한 약 130학점 정도의 과목을 이수 후 학사학위(BS)를 취득하게 된다. 그 이후 직장을 구하거나 대학원이나 전문 대학원에 입학하게 된다. 대학원에는 석사과정과 박사과정이 있는데, 어떤 학과나 학교는 석사과정을 거치지 않고 바로 박사학위를 주기도 한다. 가능하면 한 학교에서 석사와 박사를 하는 편이 시간을 절약할 수 있다. 학교를 옮기면 박사시험을 보기 위하여 많은 과목을 다시 이수하여야 하니 시간이 걸리게 된다.

입학서류로는 지원서, GRE(Graduate Record Examinations), 대학 성적 증명서, 추천서가 필요하고, 외국인의 경우에는 TOEFL 성적이 있어야 한다. 외국인이라도 미국에서 학사학위 등이 있으면 토플은 면제된다. 앞의 장학금 부분에서 설명했듯이 이공계 분야가 장학금이 많고, 석사과정보다는 박사과정에서 장학금을 받기가 더 쉽다. 미국에 유학하고 있는 많은 외국인들 중 다수의 한국인들은 특별히 박사학위를 목표로 하고 있는 것 같다. 박사학위를 받으면 전문직에 취업을 할 수가 있고, 미국에서도 고학력자로 우대하여 주기 때문에 미국에 살 경우에도 사회적으로도 인정을 받게 된다. GRE 시험은 verbal(200~800점), quantitative(200~800점), analytical writing(0~6점)으로 되어 있으며, 학교마다 다른 점수를 요구하는데 필자의 학과에서는 언어에 500점, 수리에 700점을 기준으로 하고 있다. 제일 중요한 것은 대학의 GPA이기 때문에 GRE 성적이 낮아도 학교 성적이 좋으면 입학에는 문제가 없다. 그러나 장학금을 고려한다면 좋은 점수를 받는 것이 좋다.

박사학위가 최종 학위가 되기 때문에 가능하면 좋은 대학에서 학위를 받으면 더 좋은 조건으로 취업이 될 수 있고, 또한 인정도 받기 때문에 좋은 학교를 선정하도록 해야 한다. 그러나 좋은 학교일수록 입학하기도 까다롭지만 들어가서 잘하기도 힘이 들기에 본인에게 제일 적합한 정도의 학교를 택하는 것이 좋다. 졸업 후 취업은 전공 분야가 제일 중요한데, 어떤 분야는 졸업 후 교수가 되려면 박사 후 과정(post-doc)을 거치고, 어떤 분야는 바로 tenure-track인 조교수로 취업이 된다. 봉급도 전공 분야에 따라 차이가 많이 나는데, 교수의 경우에는 전공에 따라 2~3배 차이가 나기도 한다. 일반적으로 봉급이 높은 곳이면 취업이 쉽고 외국인도 많다고 보면 된다. 박사과정에서는 제일 중요한 것이 연구논문인데, 좋은 잡지에 여러 편의 논문이 실렸다면 좋은 직장을 구하는 데 아주 유리하다.

### 괜찮은 주립대학에서 최고의 대학원으로

앞에서도 언급했지만 한국에서 유학을 오는 학생들의 목표는 미국에서 대학을 졸업하고 적당한 직장을 잡아 보통의 평범한 사람들과 같이 살려고 하기 보다는 최고의 교육을 받아 엘리트가 되는 것이다. 즉, 대학원을 졸업하여 박사학위를 취득하거나 전문 대학원을 마치기를 원한다. 이런 경우 제일 중요한 것은 최종 학위를 어디서 받았느냐 하는 것이다. 꼭 제일 좋은 대학을 나오지 않아도 마지막 학위를 좋은 대학에서 받았으면 미국에서는 어디든 좋은 직장을 구할 수 있다. 한국에서는 학생 구성을 학교 자체가 아닌 정부가 정한 규정에 따라서 정하기 때문에 제일 좋은 대학에서 박사학위를 받아도 학부가 어느 대학 출신인지가 크게 작용하는 것 같다. 필자가 가까이서 지켜본 한 가정을 보기로 하자.

한국에서 아들과 두 딸을 데리고 이민 온 가정으로, 큰 아이가 중학생이고 둘째, 셋째는 초등학생 때 온 것 같다. 이 가정은 매우 한국적으로 아이들을 양육하는 것으로 보였다. 부모들이 아이들의 장래를 잘 연구하여 아이들이 따라오도록 하는 것 같았다. 한국에서는 학생들은 연기자이고 부모들은 코치가 되어 이 학원이 너에게 좋겠으니 이리 가라 저리 가라하고 모든 정보를 엄마들이 찾아서 아이들을 지도하는 것으로 알고 있다. 이 가정에서도 아이들이 집에 들어오면 TV 소리도 낮추는 등 아이들에게 모든 정성을 들이는 것 같았다. 필자의 가정에서는 아이들이 모두 알아서 하고, 부모들은 보고를 받거나 결과만 알게 되는 경우가 많았는데 아주 대조적인 가정이었다. 이 가정의 세 자녀와 필자의 두 아들이 같은 고등학교를 졸업했다. 이 집의 큰 아들은 필자가 살고 있는 도시의 루이지애나 주립대학, 즉 필자가 14년간 교수로 근무했던 대학을 졸업하고 시카고에 있는 노스웨스턴 의과대학을 졸업했다. 이 노스웨스턴 의과대학도 아주 좋은 의과대학 중 하나이다. 둘째인 딸도 루이지애나 주립대학을 졸업하고 스탠퍼드 의과대학에 들어갔다. 셋째 또한 마찬가지로 루이지애나 주립대학을 졸업하고 하버드 의과대학에 입학했다. 모두 학부 과정 동안 집에서 학교를 다녔다. 아마 세 자녀 모두 대학을 다니며 전면 장학생이었을 것이고 학교에서 용돈도 받으며 학교에 돈을 전혀 들이지 않았거나 그렇게 힘들이지 않고 4년을 다녔을 것이다. 그리고 아주 좋은 학점을 받았을 것이라 생각한다. 사실 하버드 의대를 들어간다는 것은 보통 쉬운 일이 아니다. 한국에서 제일 좋은 대학의 의과대학은 아마도 신입생을 200여 명 뽑을지도 모르겠다. 그러나 미국의 명문 의과대학은 신입생을 많이 뽑지 않을 뿐더러 세계에서 제일 잘하는 학생들이 모두 오고 싶어하는 곳인 만큼 얼마나 힘들겠는가. 의과대학 입학에 대해서는 전문 대학원 소개에서 알아보도록 하겠다. 필자가 보기에는 이 아이들이 학부를 명문 대학에 들어갔다면 이와 같이 모두 최고의 의과대학에 들어가기가 힘이 들었을 것으로 본다. 왜냐하면 최고의 학부에서 모두 A학점을 받는다든지 아주 좋은 성적을 받기가 쉽지 않기 때문이다. 이 가정에서는 부모들이 아주 계획적으로 자녀들을 잘 이끌어 준 것 같다.

또다른 예로, 같은 직장동료의 아들은 오스틴에 있는 텍사스 대학의 화공과를 졸업하고 대학원은 MIT 화공과에 들어가게 되었다. 대학 시절에는 한 과목에서만 B학점을 받고 모두 A학점을 받았다고 한다. 그리고 장학금도 여러 개를 받아 별로 돈을 들이지 않고 대학을 졸업했다고 한다. 필자의 동료에게서 그의 아들이 일주일에 잠을 15시간 정도만 자는 것 같다고 걱정하는 것을 여러 번 들은 적이 있다. 이와 같이 최고의 명문 대학에서 잘하기란 쉬운 것이 아니다. 그냥 따라가기도 쉬운 것이 아니기에 잠을 몇 시간만 잔다는 것은 우리가 종종 한국 신문에서 한국 학생들의 인터뷰를 통하여 늘 들어보고 있는 이야기인데도 동료 교수들로부터 들으니 충분히 실감나는 이야기였다. 현재는 MIT에서 무사히 박사학위를 받고 지금 필자가 살고 있는 달라스 지역의 반도체 회사에서 장래가 유망한 엔지니어로 열심히 일하고 있다. 최근에 필자의 학교에서 세미나도 한 적이 있다.

다른 예로, 한국에서 입양이 되어 미국 가정에서 자란 젊은이의 이야기이다. 루이지애나의 배턴루지 시에서 해마다 인터내셔널 페스티벌을 하는데 우리가 몇 년간 한국을 담당하게 되었다. 텐트 하나씩 각국 전시관을 주는데 거기에 한국의 전통가구나 옷 등으로 장식하여야 하고, 우리가 소장하고 있지 않은 물건은 빌려서 사용하되 흠집 없이 돌려주어야 하니 보통 일이 아니었다. 고유 음식도 만들어 시식을 시키는데, 우리는 주로 잡채나 불고기를 만들어 대접을 했다. 행사 중에는 각 나라의 특기 자랑도 있었는데, 우리는 한국 태권도 도장에 부탁하여 태권도 시범을 보이거나 한국 고전무용을 주로 하였다. 한번은 한 아시아계 청년이 한국관을 찾아와서 함께 이야기를 나누게 되었다. 자기는 Exxon-Mobil에 근무하는 화공기술자로 이 페스티벌에 자기 회사의 자원 봉사자로 왔는데 한국인이라고 했다. 그런데 한국말은 전혀 할 줄 몰랐다. 이유인즉 한국에서 태어나 돌도 되기 전에 미국인 목사님 가정에 입양이 되었고, 대학은 MIT 화공과를 나왔으며, 졸업 후 바로 배턴루지에 있는 현재 직장으로 옮겨왔다고 했다. 그 이후로 우리는 이 청년을 아들처럼 생각하고 몇 년간 왕래를 하게 되었다. 양부모님들도 우리 가정을 방문했는데 모두 훌륭한 분들이었다. 어머니는 고등학교 교사이고 친자식이 하나 있었다. 이 청년은 나이가 아직 20대이지만 자기 밑에 근무하는 사람이 50여 명이나 되는 매니저로 장래가 아주 촉망되었다.

이 청년의 말을 빌리면 MIT 학부를 나와서 MIT 대학원 가기는 매우 힘이 든다고 했다. 사실 그렇다. MIT는 신입생의 97% 정도가 고등학교에서 상위 10%에 들어 있고 US News & World Report에도 보고되어 있다. 사실 상위 10%가 아니라 거의 상위 1%에 있다고 해도 과언이 아니라고 본다. 상위 1%가 아니면 올림피아드 등에서 수상한 특기자이기가 쉽다. MIT는 특히 수학이나 과학에서 특기자를 많이 우대한다. 이처럼 고등학교에서 최고로 잘하는 학생들이 모여서 서로 경쟁을 해야 하니 아주 좋은 학점을 받기란 그렇게 쉽지 않다. 그래서 최고의 학부를 나와 최고의 대학원에 들어가기는 그렇게 만만한 것이 아니다. MIT에서는 1학년 학생들에게 성적을 A, B, C, D로 주지 않고, Pass인지 Fail인지로만 성적을 준다고 한다. 아마도 학생들이 좋은 성적만 받아 보았다가 C나 D학점을 받는다면 큰 충격을 받을 수 있기 때문에 이것을 완화하기 위하여 이런 제도로 운영하는 것 같다.

최근 하버드 대학은 371년 역사상 처음으로 여성 총장을 선출하여 많은 사회적 관심을 모은 바 있다. 역사학자인 드류 파우스트 교수가 제28대 총장이 된 것으로, 제2대 총장 이후 처음으로 하버드 출신이 아닌 사람이 2007년 10월 총장에 부임하게 된 것이다. 파우스트 교수는 1968년에 펜실베이니아 주에 있는 브린 마워(Bryn Mawr) 대학을 졸업했다. 그리고 1975년에 펜실베이니아 대학(U Penn)을 졸업하고, 동 대학에서 25년간 교수로 역임한 적이 있다. 2000년대에 들어오면서 아이비리그 8개 대학 중 4개 대학에서 여성 총장이 나왔다. 프린스턴의 셜리 틸먼 총장은 캐나다에서 태어나서 오타리오 주의 킹스턴에 있는 퀸즈 대학에서 1968년 화학으로 학사학위를 받고, 1975년 필라델피아에 있는 템플 대학에서 박사학위를 받았다. 펜실베이니아 대학의 에이미 거트만 총장은 래드클리프 대학을 1971년에 졸업하고, 1975년에 하버드에서 박사학위를 받았다. 브라운 대학의 루스 시먼스 총장은 1945년 텍사스의 한 시골인 그레이프랜드에서 가난한 소작농의 12남매 중 막내로 태어난 흑인으로, 그 이후 휴스턴으로 이사를 하여 아버지는 공장에서 일하고, 어머니는 남의 집안일을 도와주는 메이드로 일을 했다. 그 당시 미국은 인종차별로 흑인은 극장도 갈 수 없었던 때였다. 그러나 그는 루이지애나의 뉴올리언스에 있는 이름도 없는 아주 작은 흑인 대학인 딜라드 대학을 1967년에 졸업하고, 1973년에 하버드에서 박사학위를 받았다. 2001년부터 흑인으로서는 처음으로 아이비리그 대학인 브라운 대학에서 총장으로 근무하고 있다. 이처럼 교육이 그를 지금의 위치에 있게 한 것이다. 이 네 명의 여성 총장 모두 대학을 아이비리그에서 나오지는 않았다. 여자대학인 래드클리프는 나중에 하버드와 합병하였는데, 8개의 아이비리그 중 4개의 대학에 여성 총장이 있는 셈이다. MIT 경우도 수잔 호크필드 여성 총장은 로체스터 대학을 1973년도에 졸업하고, 1979년에 조지타운 대학의 의과대학에서 박사학위를 받았다. 필자에게 미국에서 제일 좋은 5개 대학을 뽑으라고 하면 하버드, 프린스턴, 예일, MIT, 스탠퍼드로, 이 최고의 5개 학교 중 3개 대학에 여성이 총장을 맡고 있으며 미국 대학 전체에는 20% 이상이 여성 총장인 것으로 알고 있다. 따라서 여성들도 학문뿐만 아니라 학교 행정에도 자신감 있게 도전해볼 만하다. 몇 년 전 대만 국립대학을 졸업한 중국계 교수가 주립대학으로는 제일 좋은 University of California at Berkeley에서 총장을 역임한 적이 있다. 다시 말해, 한국에서 유학을 와도 미국 대학의 총장이 될 수 있는 것이다.

결론적으로 필자가 보기에는 최고의 학부를 들어가서 최고의 대학원에 들어가기는 매우 어렵다. 차라리 보통의 좋은 대학에 들어가서 공부를 열심히 하여 최고의 대학원에 들어가는 것이 더 쉬울 수 있다. 그러나 일부러 최고의 학부를 마다할 필요는 없으므로 항상 도전하는 자세를 가져야 할 것이다. 당연히 최고 학부에서 최고 대학원을 졸업했다면 베스트 오브 베스트임에는 틀림없다.

# 08.

# 전문 대학원 입학

## 의과대학

세계 어디에서나 그러하듯이 미국에서도 의사는 고소득직이며 사회에서도 인지도가 높아 많은 학생들이 선망하는 직업 중의 하나이다. 앞에서 언급했던 미국의 현 국무장관인 콘돌리자 라이스가 스탠퍼드 교무처장으로 재직시에 입학식에서 한 연설 중에서, 입학할 때 많은 학생들이 졸업 후 의과대학에 들어가겠다는 다짐으로 학교를 입학했더라도 1~2년 후 본인이 진정 하고 싶은 일이 무엇인지 찾아가도록 돕는 것이 자기 학교의 교육 목표라고 신입생과 학부모들에게 연설한 것을 보아도 미국에서 의사는 좋은 직업임에는 틀림이 없다. 한국에서는 그렇게 많이 세분화가 되어 있지 않지만 미국의 경우에는 아주 세분화된 다양한 전공 분야가 있어 본인이 가장 하고 싶은 분야를 선택할 수가 있다. 분야가 다양한 만큼 연봉도 크게 차이가 있다.

연봉이 많은 분야일수록 경쟁이 더 치열하리라는 것은 상식적인 일이다. 가정의부터 암 전문의 및 신경 전문의에 이르기까지 아주 다양하다. 일반적으로 가정의나 소아과 등 primary care 분야는 연봉이 낮으나 수술을 하는 외과나 안과 등은 상당히 높다. primary care쪽은 연봉이 100,000~200,000불이나 많이 받는 분야는 연 1,000,000불이 되기도 한다.

### 어떻게 의사가 될까

의사협회의 보고에 의하면 현재 미국에서 활동하는 의사의 수는 약 72만5천여 명이다. 미국의 의과대학은 신입생을 한국과 같이 많이 뽑지를 않는다. 하버드 의대의 경우에는 165명이고, 스탠퍼드 의대는 86명 정도이다. 미국 전체 의과대학에서 2006년도에 뽑은 신입생수는 17,370명뿐이다. 미국에서는 많은 학생들이 대학을 졸업한 후 몇 년간 직업을 갖거나 선교사 등의 일을 하다가 의과대학으로 진학을 한다. 그 기간은 하버드 의대의 경우에는 평균 2년 이상으로 되어 있고, 중간에 연구나 다른 목적으로 학교를 1~2년간 쉬고 다시 돌아오기도 한다. 이처럼 의과대학에 입학하기 전 이런 기간을 거침으로써 의료분야가 자기가 평생 일할 분야인지 다시 확인할 수 있으며, 의과대학부터 수련의를 거쳐 실제 일을 하기까지 약 10여 년간 정신없이 바쁜 기간을 보내기 전에 어떻게 보면 조금 여유 있는 시간을 가질 수도 있다. 필자의 큰 아들은 스탠퍼드 졸업 후 1년간만 직장생활을 하고 의대에 진학하겠다고 하길래 필자가 쉬지 말고 바로 하라고 권유했다. 첫째, 수련의를 마치고 개업을 하는 나이가 30세 이상이 되니 너무 늦기 때문이고, 전공 분야에 따라 다르지만 초임이 300,000불이라면 이 300,000불을 첫해에 투자하게 되면 약 25~30년간 일을 한다고 할 경우 퇴직시에 받을 것을 복리로 계산하면 적은 액수가 아니며, 둘째 누가 1년간만 직장을 주겠느냐는 것이다. 첫 1년은 주로 배우는 데 소비하게 되니 교육만 받고 그만두게 될 것이라고 했다. 그러나 많은 이들이 이와 같이 한다고 하면서 일을 하겠다고 했다. 여러 군데서 최소한 2년은 근무해야 한다고 했지만 다행히 두 군데서 1년간의 직장을 허용하였다. 지금 생각하면 스탠퍼드 의과대학의 연구원으로 취업이 되어 연구도 하면서 좋은 추천서를 받을 수 있는 기회가 된 것 같다. 1년간 일한 업적이 가장 높게 평가받는 「Nature Biotechnology」 잡지에 논문을 게재하게 되었으니 이것이 몇 군데 좋은 의과대학으로부터 입학허가를 받는 데 도움이 되었으리라 본다. 최종적으로는 스탠퍼드 의대에 입학하기로 결정했다.

의사가 되기 위한 MD(Doctor of Medicine) 학위를 받기 위해서는 먼저 4년제 정규 대학을 졸업하고 의과대학에 입학해야 한다. 미국에서도 한국의 6년제 의과대학처럼 6년에 마치는 프로그램으로 운영되는 의과대학도 있다. 필자가 알고 있는 학생 중에는 6년제 프로그램 의과대학인 University of Missouri at Kansas City에 다니는 학생도 있다. 이 경우에는 2년을 일찍 의사면허를 받을 수 있다. 의대는 많은 학생들이 선호하기 때문에 입학하기가 쉽지만은 않을뿐더러 경쟁률이 높다고 보면 된다.

의대에 입학하기 위해서는 계속 강조하지만 첫째는 학부의 내신 성적인 GPA가 가장 중요하고, 그 다음이 MCAT(Medical College Admission Test), 역시 추천서와 봉사 활동 등의 특별 활동이다. 앞의 추천서 항목에서 언급했듯이 보통 3명의 추천이 필요하기 때문에 늘 4~5명의 좋은 추천서를 써줄 추천인을 두고 있어야 한다. 그러면 면접을 거쳐 입학 허가를 받게 된다. MCAT은 보통 대학 2년을 마친 여름에 시험을 보거나 3학년 봄 학기에 많이 본다. 왜냐하면 의과대학에 진학하기 1년 전에 원서를 제출해야 하니 대학 졸업 후 의대에 바로 가려고 하면 3학년을 마칠 때까지 MCAT 성적이 있어야 한다. MCAT는 4개 분야, 즉 생물, 물리, verbal과 writing으로 구성되어 있고 최고점수는 45점이다.

미국에서 의과대학은 전문 대학원이기 때문에 학부에서 어떤 전공을 했는가에 관계없이 진학을 할 수가 있다. 단지 의과대학에서의 필수요건인 pre-med 과목인 유기화학, 무기화학, 생물학, 물리, 수학, 영어를 학부에서 수강했다면 지원이 가능하다. 많은 경우에 학부에서 생물, 화학, 생화학 등을 전공하지만 음악이나 영어, 전기 공학 등을 전공한 학생도 의대생의 20~30% 정도를 차지한다. 이 pre-med 과목은 학교마다 조금씩 다르고, 한 학기가 아닌 1년간의 과목으로 들어야 한다. 유기화학, 무기화학, 생물학, 물리는 강의뿐만 아니라 실험도 같이 수강해야 한다. 특별 과외 활동으로는 연구, 지역사회에서 봉사 활동, 임상 경험 등이 필요하다.

의과대학은 4년 과정인데 첫 2년은 수업을 듣고 마지막 2년은 임상을 하게 된다. 첫 2년을 마친 후 USMLE(United States Medical Licensing Examination) Step 1을 보고, 의대 4년 후 USMLE Step 2를 보게 된다. 이 시험에 모두 합격하면 의대를 졸업하고 MD를 받게 된다. 여기서 USMLE Step 1의 성적이 수련의를 결정하는 데 중요하기 때문에 좋은 성적을 받도록 해야 한다. 등록금과 기숙사비를 포함하여 스탠퍼드 의과대학의 경우 약 연 80,000불 정도의 경비가 든다. 어디든지 항상 장학금이 있으므로 장학금을 받도록 하고, 여의치 않을 경우에는 정부나 은행의 융자로 해결하면 된다. 필자의 가정에서는 대학까지는 학비를 전부 부모가 해결해 주고, 그 다음부터는 본인이 알아서 하도록 하였다. 필자의 큰 아들이 의과대학 진학시에 1,000불을 준 것이 전부였다. 나머지는 융자를 받았는데 장학금이나 grant가 많아서 연 23,000불 정도의 융자를 받는다고 하니 그렇게 생각만큼 비싼 공부는 아니다.

본인이 주민인 지역의 주립대학으로 가면 in-state 등록금을 내게 되므로 상대적으로 적으나, 다른 주로 가거나 사립으로 가면 등록금이 많기 때문에 사전에 어떤 장학금들이 있는지 알아보면 좋다. 필자의 아들의 경우에는 캘리포니아와 텍사스 주의 주민으로 되어 있었으나, 스탠퍼드가 grant와 장학금이 많아 주립대학에 간 것보다 학비가 저렴했다.

의과대학 4년차에 여러 병원에 자기가 원하는 분야의 수련의 지원을 하면, 12월과 1월 사이에 각 학교나 병원에 가서 면접을 하게 되고, 3월 중순경에 모든 학교나 병원이 동시에 새 레지던트를 발표한다. 만약 자기가 원하는 전문의 자리에 후보가 되지 않으면 다시 1년을 기다려 새로이 레지던트 지원을 해야 한다. 많은 경우 병원에서 원하는 수련의 숫자보다는 의대 졸업생이 적어 모자라는 자리는 외국에서 의대를 나온 수련의로 충당한다. 이 경우 이들은 주로 비인기과목의 전문의 수련의 과정에 가기가 쉽다. 전문의의 종류에 따라 수련의 과정의 연수가 다른데 대개 3~7년으로 보면 된다. 즉, 가정의나 소아과 등은 오랜 기간이 요구되는 것은 아니지만 신경 전문의 과정

등은 오랜 기간이 필요하고, 정형외과 등 외과들은 약 5년 정도의 수련의 과정이 필요하다. 또 더 수련이 필요한 과목이거나 본인이 원하면 1~2년 과정의 fellowship이란 더 높은 과정의 수련을 받기도 한다. 보통 수련의 과정 중에 USMLE Step 3를 봐서 통과하면 개업의로서 활동할 수 있다. 수련의의 연봉은 약 40,000~50,000불 정도로 보면 된다.

여기서 한 가지 언급하면 미국의 영주권자나 시민권자가 아니면 미국의 의과대학에 입학하기가 그렇게 쉽지 않다는 것이다. 아주 우수한 경우에만 입학을 허용한다. 그리고 주립 의과대학들은 그 주의 주민들을 주로 뽑고, 사립대학은 이에 관계하지 않고 학생을 선발한다. 그래서 시민권자나 영주권자인 경우에는 어느 주에 주민이 되는 것이 의과대학을 진학하기가 쉬운지 몇 년 전부터 연구를 하는 것이 좋다. 영주권자나 시민권자가 아니면 어떤 의과대학이 외국인을 많이 뽑는지 알아보아야 한다.

### 치과대학

치과대학은 많은 면에서 의과대학과 비슷하다. 요즘 치과의사들의 수입이 높다고 하여 많은 지원자가 있는 것 같은데, 치과보험이 없는 사람이 많기에 치과의사들의 수입이 많지 않을까 생각한다. 의과대학과 마찬가지로 미국 시민권자나 영주권자가 아니면 입학하기가 어렵다는 것을 알아야 한다. 대학을 졸업하고 치과대학으로 지원하게 되는데, 대학에서 각 1년 과정의 유기화학, 무기화학, 물리, 생물이나 동물학, 영어, 수학 과목을 이수하여야 하고, DAT(Dental Admission Test) 성적과 추천서가 필수이다. 역시 특별 활동으로 치과 경험이나 연구, 봉사 활동 등이 필요하다. 제일 중요한 것은 학교 성적인 GPA로, 전체 GPA와 science GPA로 구분한다. DAT는 그 다음에 중요하다.

### 약학대학

약학대학도 일반 대학을 졸업하고 지원을 할 수 있다. 의과대학과 같이 학부를 합하여 6년에 마치는 대학들도 있다. 의과대학이나 치과대학과 마찬가지로 대학에서 1년 과정의 일반화학, 유기화학, 생물학, 영어, 수학이 필수이고, 경제학, mammalian physiology, public speech, psychology나 sociology, anthropology의 한 과목을 이수해야 한다. 약학대학에 지원하기 위해서는 PCAT(Pharmacy College Admission Test로, 모든 대학에서 요구하는 것은 아니다), 특별 활동으로 약사 보조나 연구, 봉사 활동이 필요하고 추천서, 면접, 에세이 등이 요구된다. 약학대학은 2년 반의 학과목과 1년 반의 임상으로 4년이 걸리며, 졸업 후 1~2년간 레지던트를 할 수도 있고 1년 과정의 fellowship도 할 수 있다. 약사의 초임은 80,000~100,000불이다

### 법과대학

미국의 법과대학은 한국에서 최근에 추진하고 있는 법학 전문

대학원으로 대학을 졸업하고 지원할 수 있으며, LSAT(Law School Admission Test) 성적이 필요하다. 법과대학에는 보통 JD(Juris Doctor)와 LL.M(Master of Laws) 프로그램이 있으며, 교수가 되기를 원하면 JD와 Ph.D를 하여야 한다. LL.M은 경영대학에서 MBA와 비슷한 것으로 풀타임 학생이라면 1년에 마칠 수 있다. 보통 로스쿨이라면 JD를 말하고, LL.M은 JD를 마친 후 어떤 특정 한 분야에서 예를 들어 tax law를 더하고 싶을 때 하는 석사학위이다. 많은 로펌들은 LL.M을 가진 사람들을 선호한다. 2007년도 로스쿨 랭킹은 예일, 스탠퍼드, 하버드, 컬럼비아와 뉴욕 대학 순으로 US News에도 나와 있다. JD 과정을 마친 후 Bar 시험을 통과하면 변호사 등으로 일을 할 수 있다. 변호사의 수입은 아주 천차만별이다. 한국 사람들은 로스쿨을 졸업을 하고 JD를 받은 사람에게 법학박사라고도 많이 하는데 이것은 옳지 않은 표현이다. 이것은 MD를 의학박사라 하지 않는 것과 같은 이유이다.

## MBA

MBA(Management of Business Administration)는 경영 전문 대학원으로서, 한국에서도 KAIST를 위시하여 여러 대학에 MBA 과정이 있는 것으로 알고 있다. 앞의 의과대학, 치과대학, 약학대학은 졸업하여 의사 면허증 등을 따면 의사로 일을 할 수 있기 때문에 졸업하는 학교가 그렇게 중요하지 않다. 우리가 가정의(family doctor)를 선정할 때 어느 의과대학을 나왔는지, 어느 병원에서 전문의 수련의 과정을 받았는지 물어보고 예약을 하지는 않는다. 다만 좋은 의대를 나오지 않으면 인기 있는 전문의 과정에 가기가 힘이 들 뿐이다. 그러나 이 MBA는 졸업하는 학교의 랭킹이 아주 중요하다. 이 랭킹은 졸업생의 연봉과 3개월 내의 취업률 등의 20여 개의 항목으로 결정되니 좋은 랭킹의 학교는 취업률도 좋다는 이야기이다. 올해 Financial Times의 발표에 따르면 펜실베이니아의 와튼 스쿨, 컬럼비아, 하버드와 스탠퍼드의 순으로 올라 있다. FT에 의하면 2002년 졸업생을 상대로 조사해 본 결과, 졸업생의 3년 뒤 평균연봉이 148,609불인 것으로 나와 있다. 보통 이 과정을 통하여 자기의 연봉을 150%까지 올릴 수도 있다. MBA 과정의 이점은 2년 과정의 공부를 통하여 finance, management, marketing, 그리고 strategy 영역에서 전문가가 되는 것이다. 미국의 많은 직장인들은 회사를 다니며 이 과정을 마치고 있다. 물론 회사에서 모든 학비와 경비를 대준다. 이 과정에 입학하기 위해서는 대학 성적, 이력서, 에세이, 추천서, GMAT(Graduate Management Admission Test) 등이 필요하다.

## 09. 미국에 정착하기

필자는 1981년에 지금의 경일 대학인 경북 공업전문대학의 조교수직을 그만두고 유학길에 올랐다. 요즘은 전혀 볼 수 없는 광경이지만 그 당시만 하여도 외국에 나간다는 것이 쉽지 않았기에 공항에 가면 여기저기에서 다들 손을 잡고 크게 원형으로 둘러서서 큰 목소리로 성공하여 돌아오라는 기도소리가 울리던 때였다. 요즘은 부부 간의 작별인사도 집에서 하고, 공항버스를 타고 혼자 가는 세상이니 많이 달라진 것 같다. 많이들 외국 출장을 다니니 외국생활이 어느 정도 익숙한 사람들도 많으나, 아는 사람이 없는 곳에 비행기까지 타고 가서 어떻게 정착을 할까 걱정하는 사람들을 위하여 간단히 필요한 것들을 정리해 보기로 하겠다. 제일 중요한 것은 살 집과 자동차이고, 또 주위의 도움이 어느 정도 필요할 수도 있으니 주위에 사는 교민들에게 어떻게 도움을 요청하면 되는지, 현지 미국인들과는 어떻게 하면 잘 어울릴 수 있는지 등을 알아보자.

## 집 구하기

앞에서도 언급하였지만 주거지는 매우 중요하다. 일반적으로 처음 미국에 오면 아파트를 임대하게 된다. 단독주택을 임대할 수도 있고 구입할 수도 있다. 미국에서 주택 구입시에는 부동산 중개업자에 지불하는 수수료가 없으나, 팔 경우에는 수수료가 판매가격의 약 6% 정도 되기 때문에 어느 정도의 기간을 살지 않으면 손해를 볼 수 있으며, 그 지역 사정을 잘 알고 구입을 해야 하기 때문에 잠시 살기에는 맞지 않으므로 임대하는 경우만 알아보겠다. 단독주택을 임대한다면 넓은 정원에서 아이들이 뛰어 놀며 즐길 수는 있다. 이 경우에는 잔디를 깎아야 하고, 여러 가지 손을 보아야 할 일이 많기 때문에 부부가 같이 있는 경우에는 생각해볼 만하다. 한국에서는 주로 아파트 생활을 하기에 누릴 수 없었던 일들을 이곳 단독주택에서는 해볼 수 있다. 아파트보다는 비싸나 뒷마당에서 바비큐도 할 수 있고 수영장이 있으면 수영도 할 수 있어 좋은 점이 많으나, 처음 도착한 경우라면 별로 권하고 싶지 않다.

아파트를 임대한다면 좋은 주택가 지역에 위치한 곳으로 얻는 것이 바람직하다. 항상 안전이 제일 중요한데, 한국에서는 사고가 일어나면 특정 지역에서 다발적으로 일어나는 것은 아니지만, 미국에서는 일반적으로 사고가 일어나는 곳은 늘 일어나므로 좋은 부유층 지역이 비교적 안전하다. 학교가 결정되지 않았다면 먼저 좋은 학교를 결정해야 한다. 공립학교라면 아파트가 먼저 결정되어야 그 주소지 학군의 학교에 등록을 할 수 있으니, 가고 싶은 학교 지역에서 안전하게 보이는 아파트를 임대한다. 아이들의 나이에 따라 다르지만 남자 아이와 여자 아이라면 방을 따로 주어야 하니 방이 3개가 필요할 것이다. 욕실이 2개라면 이 아파트를 3bed 2bath 아파트라 하고 실평수는 약 40평 정도 되니 한국의 50평형 아파트 넓이로 보면 된다. 필자가 살고 있는 텍사스의 플레이노의 경우에도 생활수준이 지역에 따라 크게 달라 임대료도 천차만별인데, 아주 좋은 곳은 월 1,200불 정도 된다. 이런 곳은 수영장과 운동시설들이 잘되어 있다. 캘리포니아나 보스턴 지역과 비교해 보면 1/3 이하의 가격이다.

필자의 학교에 교환교수로 온 두 가정에 아파트를 소개해 줬는데, 그 분들이 매우 만족해하여 소개한 사람으로서 기분이 좋았던 적이 있었다. 부부와 아들과 딸아이가 한 명씩 있어 3bed 2bath를 얻었는데, 실평수가 1,329 square feet이니 37평이 되고 월 가격은 1,145불이었다. 주변에는 아주 비싼 아름다운 주택가가 있으니 공립학교도 좋다고 본다. 그 아파트 전경과 수영장 및 체육시설은 다음 사진과 같다.

아파트 계약시에는 deposit이라 하여 200불 정도를 먼저 내고, 집을 비울 때 그 돈을 받아 나간다. 계약기간이 끝난 후 나갈 때 청소 상태가 불량하다든지 벽 등 시설에 손상을 입힌 경우 이 돈에서 손실분을 차감하여 돌려준다. 또 50불 정도는 application fee로 내는데, 이 돈은 나갈 때 주지는 않는다. 계약은 보통 6개월이나 1년씩 하는데 어떤 아파트는 1년을 계약하면 한 달이나 15일씩 임대료를 깎아주기도 한다. 전기료는 따로 내야 하고, 보통 물값과 쓰레기 수거비는 임대료에 포함되어 있다. 임대료는 늘 월 초에 내고, 하루라도 늦으면 벌금을 내야 하며 몇 번 연체하게 되면 신용에 문제가 된다. 그리고 계약기간이 끝나기 한두 달 전에 아파트 사무실에 연락해서 나간다고 알려야 한다. 그렇지 않으면 그 기간 동안 살지 않더라도 임대료를 지불해야 하므로 항상 계약서를 잘 보아야 한다.

사립학교를 가는 경우에는 학군이 없으므로 아무 곳이나 정할 수 있는데, 일반적으로 학교 주위의 아파트는 좋지 않을 수 있다. 학교가 오래되었다면 보통 도심지 가까이에 위치해 있는데, 오래된 동네는 부유층들이 외곽 지역으로 이사를 하였기에 학교 주위는 낙후되어 저소득층이 많이 살 수 있어 안전에 조금 문제가 될 수도 있다.

### 자동차 구입

필자가 방문교수나 학생들을 도와주면서 제일 힘이 드는 일이 자동차를 사는 일이다. 요즘은 한국 경제가 좋아서 새 차를 많이 구입하니 단지 흥정을 제외하고는 별 일이 없어 얼마나 좋은지 모른다. 중고차를 사기 위하여 중고차 딜러에게 가면 가격이 비싸므로, 조금이라도 싸게 사주기 위해 신문에 개인이 내놓은 광고를 보고 여기 저기 돌아다니는 일이 여간 힘든 게 아니다. 1시간 운전하여 가서 좋은 차를 보고 마음에 들어 계약하려는데 부인이 차의 색깔이 안 좋다고 그냥 돌아올 때는 화가 나기도 했다. 중고차는 고장 등의 부담이 있어 몇 년을 살려고 하면 새 차를 사기를 권한다. 특히 여성의 경우 자동차 수리나 고장에 대해 잘 모르고, 또 언어 문제도 있기 때문에 warrenty가 있는 새 차를 구입하면 몇 년은 안심하고 탈 수 있다. 이곳에서는 최고급의 한국 차들을 한국보다 더 싸게 살 수도 있으나, 아직 브랜드 인지도가 낮아 중고차 값은 좋지 않은 편이다.

미국에서는 모두 정찰제이지만 집과 차만은 흥정을 하여 깎아야 하니 만만치 않다. 신문에 나와 있는 광고는 보통 최고 좋은 가격으로 내놓으므로 원하는 차가 있으면 딜러에게 가서 한번 운전을 해보고 마음에 들면 흥정을 한다. 신문에 나온 가격으로 살 수 있다면 아주 잘 산 것이라 생각한다. 너무 심하게 깎아도 안되지만 세일즈맨이 이렇게 팔면 손해라는 말을 믿으면 안된다. 옛날 한국의 재래시장에서 어머니들이 하던 그런 흥정이다. 세일즈맨이 흥정을 하여 가격을 정하고 그 가격에 사인을 하라고 하면 꼭 그 가격으로 줄 것 같아 사인을 할까 말까 망설이게 되는데, 이 값을 가지고 매니저에게 가져가서 한참 있다가 오면 훨씬 더 높은 가격을 제시한다. 미국 대부분의 주에서는 sales tax라 하여 5~10%의 세금이 추가되고 등록비도 내야 한다. 1년에 한 번씩 검사도 받아야 한다. 새 차는 처음 2년은 안 받아도 되는데, 이 또한 주에 따라 규정이 다 다르다.

## 자동차보험

자동차보험은 필수로 되어 있고, 보험증은 자동차 안에 항상 지참해야 하기 때문에 꼭 가입해야 한다. 속도위반 등으로 경찰에게 걸렸을 때 요구하는 것이 운전 면허증과 차 보험증이다. 미국에서의 운전은 한국에서의 운전보다는 훨씬 쉬워 보인다. 그러나 미국에 익숙하지 않아 길도 잘 모르고 새로운 것들도 많아 새로 온 사람들이 사고를 많이 내는 것을 종종 보았다.

보험의 종류는 여러 가지가 있는데, 용어가 익숙하지 않기 때문에 필자가 알고 있는 상식선에서 알아보도록 한다. 더 상세한 것은 보험설계사나 변호사에게 문의하기 바란다. 주마다 다르지만 최소한 보험금을  법적으로 들어야 하는 것이 liability insurance이다. Liability 보험은 사고시에 본인이 잘못하면, 본인 차는 보험 혜택이 없고, 상대방 차만 보험회사에서 해결해주는 것이다. 이 경우 보통 deductible은 없다. 이 deductible은 한국에서 의료보험으로 병원에 갈 때 기본으로 내는 것으로 차액은 보험회사에서 지불한다. 주에서 최소한 얼마까지는 들어야 하는 것도 있다. 예를 들어, 20,000/10,000/20,000이라면 1건당 사람의 몸(body insury)에 한해 20,000불까지 상대방에 주는데 1인당 10,000불까지이며, 재산 피해(property damage)는 20,000불까지이다. 많은 한국 사람들이 이 최저보험을 들고 있는데, 필자가 보기에는 아주 위험한 일이다. 보통 피해가 클 경우에 특히 몸을 다쳤을 경우에 피해자는 즉시 가해자의 보험금을 알아본다. 미국의 의료 수가를 생각하고 다친 사람이 고소득자라면 얼마를 갚아주어야 할지는 상상을 초월한다. 보험금이 작은 경우에는 피해자가 변호사를 선임하여 해결하려고 하는데, 가해자가 가진 돈이 있으면 법적으로 완전히 해결해주어야 한다. 이때는 도덕적으로도 가해자가 피해자에게 손해에 대한 책임을 지는 것이 마땅하리라 본다. 여기서 liability는 보험회사에서 상대 피해자에게 해줄 수 있는 차 보험이다.

실제 있었던 일을 한번 보기로 하자. 1년간만 체류하기로 한 사람이 실수를 하여 상대방의 차를 완전히 망가뜨린 일이 있었다. 피해자가 변호사를 통하여 가해자의 재산상태를 묻는 질의서가 왔는데, 이 가해자는 한국에는 많은 재산이 있으나 미국에서는 수입이 없고 아파트에 살고 있으니 재산이 전혀 없는 것으로 보고하였다. 그래서 더 이상의 진전이 없이 피해자가 포기를 하였다. 만약에 그 변호사가 조금만 더 생각하였다면 가해자의 한국 재산을 조사하여 법정에서 해결하려고 했을 것이다. 아직 많은 미국 사람들은 옛날 1950년대의 한국을 생각한다. 교통사고시 문제는 자동차가 아니다. 목이 부러진다든지 평생 불구가 될 수도 있으므로, 한 사람의 평생을 보상하려면 수억 내지 수십억을 보상해주어야 마땅하다. 미국에서는 돈이 없으면 감옥에는 보내지 않지만 가해자가 돈이 있으면 어떻게 해서든 그 돈을 다 가져간다. 이 가해자는 스마트하지 않은 변호사 덕을 톡톡히 본 셈이다. 안락한 여생을 즐길 수 있는 나이에 한번의 실수로 그 꿈을 모두 물거품처럼 날려버리고 다시 인생을 시작해야 하는 끔찍한 처지에 놓일 수도 있는 것이다. 그래서 우리말에 내일은 아무도 모른다는 말이 있지 않은가. 평생 벌어 놓은 재산을 한번에 날리기는 너무 아까운 일이기에 특히 자동차 보험은 여유 있게 들기를 권한다. 그래서 미국에서는 재산이 조금 있는 사람들은 umbrella 보험이라 하여 본인이 잘못하여 일어나는 모든 경우에 보상해주는 보험을 들고 있다. 자기

집안에서 넘어져 다치면 집 보험으로 해결하되 그 이상의 것은 이 보험으로 하는데, 차 사고 등 제반 사고는 모두 umbrella 보험으로 커버한다.

상대방이 잘못하여 자신이 피해를 입은 경우, 상대방의 liability에서 보상을 받을 수 있으나 무보험자일 경우를 생각하여 무보험 보험도 들도록 한다. 이것 역시 50,000/25,000/50,000 등으로 나누어져 있으므로, 본인의 차 가격에 맞추어 들면 된다. 그리고 collision이라 하여 본인의 실수로 본인 차가 망가졌을 때 수리비용을 보상받는 보험이 있는데, 이 경우에는 deductible이 있다. 이것은 500불을 할 수도 있고 100불로 할 수도 있다. Deducible을 낮게 하면 보험금이 높아지므로 본인의 운전 습성에 따라 정하면 된다. Collision이 아닌 것으로는 comprehensive가 있는데, 이것은 차 유리가 깨졌다든지 우박으로 차에 데미지가 생긴 경우로 이것 역시 deductible이 있다. 보통 50불 내지 100불 정도면 된다. 차 종류에 따라 다 다르지만 보통의 차의 경우 차 앞유리(windshield)를 바꾸는 데 약 200~250불 정도이니 너무 높게 잡으면 실제 혜택을 못 본다. 본인이 실수를 했을 때 가해자나 동승자는 보험에서 커버가 되지 않기 때문에 injury에 대한 보험을 들어야 한다. 본인이 건강보험이 있으면 건강보험으로 해결이 되나, 동승자가 의료보험이 없을 경우를 대비하여 얼마를 들어야 한다. 어떻게 보면 건강보험이 없는 사람을 태워주는 것은 부담이 되는 일이다. 또 towing 보험도 있는데 새 차를 사는 경우에는 얼마간의 기간 동안은 딜러에서 towing을 해주니 구입하지 않아도 되겠다. 이밖에 타지에서 사고가 나서 차를 고치는 데 시간이 걸리면 호텔 등의 서비스를 해주는 보험도 있다.

## 의료보험

미국에서 의료 수가가 높다는 것은 모두 잘 아는 사실이다. 예를 들어, 위 내시경 한번 하는 데 보험이 없으면 3,000불은 든다. 필자가 한국의 여러 병원을 다녀 보았는데, 한국 병원과 비교해 보면 미국 병원은 아주 깨끗하고 여러 가지 환경이 좋아 한국의 부유층들이 치료차 미국으로 오는 것을 종종 볼 수 있다. 의사들은 보험자와 비보험자에게 같은 비용을 청구하지만 보험회사에서 계약에 따라 적게 나가도록 하기 때문에 아마도 의사들은 비보험자를 더 좋아할 것 같다. 의료비가 비싸니 당연히 보험금도 비싼데, 미국으로 올 때 한국에서 여행자 보험을 들어오는 것을 보니 미국에 비해 아주 싼 것 같았다. 미국에서 직장생활을 하면 회사에서 보험금을 내주거나 보조를 해준다. 그러나 자영업자들은 본인이 직접 모두 내거나, 본인이 매우 건강하다고 믿어서 보험이 없는 사람들도 많은데, 이런 경우에는 정기 진단을 받지 않아 위험하다. 사실 미국에서는 공기도 좋고 여러 가지 환경이 좋아 한국에서 방문한 사람들을 보아도 이곳에서는 잘 아프지 않는 것 같다. 그러나 보험을 가지고 있으면 마음이 편안하여 덜 아플 수도 있으니 가능하면 보험을 가지고 있는 것이 좋다. 보통 보험에 가입하기 6개월 안에 발견된 질병은 보험을 가입한 후 1년 정도는 혜택을 받을 수 없다. 즉, 건강보험에 가입하지 않았던 사람이 건강에 문제가 생기니 보험의 보상을 받기 위하여 가입하였다면 pre-existing 질병은 혜택이 없기 때문에 건강할 때 건강보험을 들어야 한다. 한국에서도 그렇게 하겠지만 보통 내과 의사를 가정의로 지정하여 1년에 한차례 신체검사를 받는다. 필요시 검진을 받으면 가정의가 치료나

처방을 하고, 본인이 할 수 없는 일들은 다른 전문의들을 소개해준다. 그래서 아플 때 보통 먼저 가는 곳이 내과(internal medicine)이다.

미국의 의사들은 한국과는 달리 개인병원을 갖고 있는 것이 아니라 간단한 진료를 할 수 있는 사무실 같은 진료실을 운영한다. 피검사 정도만 하고, X-ray도 다른 전문 병원에 보낸다. 수술이나 입원이 필요하면 계약이 되어 있는 큰 병원에 입원시키고, 의사가 한 번씩 방문하여 치료한다. 또 몇 명의 의사가 합동으로 클리닉을 운영하기도 하는데, 환자는 각자 다르나 필요시에 서로 도와주기도 한다.

### 현지 교민에게 도움 청하기

본인이 가려는 곳에 아는 사람이 한 명도 없다고 해보자. 공항에 내려 호텔을 찾아가서 아파트나 학교 등을 정해야 하는데 미국에 처음 온 사람이면 거의 할 수 없는 일들이다. 제일 좋은 방법은 한국에서 인터넷을 통하여 가고자 하는 지역의 한인 교회를 찾아보고, 그 교회에 도움을 청하면 잘 도와주리라 본다. 미국에 이민 온 많은 사람들은 누가 공항에 마중 나왔느냐에 따라 그 사람의 직업이 결정된다고 한다. 예로서, 세탁업을 하는 사람이 나오면 새로운 사업을 소개할 때 제일 잘 아는 것이 세탁업이니 세탁소를 소개하기 때문에 그런 말이 있는 것 같다. 비즈니스를 하러 오지 않으니 누가 나와도 좋겠지만 가능하면 학교의 일들과 자녀공부에 있어 경험이 많은 사람이 나오면 더 좋으리라 본다.

미국의 한인 교회는 한국의 교회와는 조금 다르다고 보면 된다. 교회에 나가야 한인들도 만날 수 있고 거기에 또 자기들의 고객도 있을 수 있으니, 어떻게 보면 많은 교회들이 한인회 성격을 띠기도 한다. 작은 교회는 목회자가 직접 나와서 모든 것을 도와주기도 하므로 제일 안전하리라 본다.

앞에서 언급한 한인 과학기술자협회(KSEA, www.ksea.org)가 그 지역에 있는지 확인하고 도움을 요청하여도 된다. 보통의 경우 이들은 미국에서 공부를 하였고 학력도 매우 높다고 보면 된다(회원의 반 정도는 박사학위 소지자이다).

어떤 사람들과 사귀어야 할지는 말로 표현하기 어려운 대목이다. 어떤 이해관계를 갖고 또 사회적으로 덕망이 있고 도움이 될 만한 특정한 사람만 골라 사람을 사귄다는 것은 좋지 않기 때문이다. 그러나 당장 도움이 필요하기에 할 수 없는 일이지 않겠는가.

일반적으로는 학력이 높은 사람들이 학업에 더 관심이 있고 이 분야에 더 상식이 있다고 믿기에 필요시 늘 문의를 하면 자연히 좋은 친분을 유지하게 되리라 본다. 다음에 다른 사람들에게도 유용한 정보를 나누어 줄 수도 있으니 그렇게 나쁜 것만은 아니다. 사람마다 생각하기 나름이니 본인이 잘 알아서 할 일이다.

## 봉사 활동

필자는 미국에 살면서 많은 미국인들이 남을 도우며 살아가는 모습을 보아 왔다. 여러 가지 이유가 있는데, 필자가 느끼기로는 이런 봉사 활동이 몸에 배어 있어 항상 무엇이 남에게 도움이 될까 생각을 하게 되고 저절로 그렇게 도우고 싶어하는 것 같다. 오랜 기간에 걸친 좋은 하나의 풍습인 것 같다. 반면 우리 한인들은 어떻게 하면 이름을 좀 남길 수 있을까를 늘 생각하는 것 같다. 무슨 일을 조금만 해도 신문에 이름과 사진이 나오기를 원한다. 호랑이는 죽어서 가죽을 남기고 사람은 죽어서 이름을 남긴다는 옛말이 있는 것처럼, 유독 한국인들은 이름을 떨치고 싶은 마음이 강한 것 같다. 물론 미국인들도 자기만족을 위해 봉사 활동을 할 수도 있다. 그러나 이들의 행동은 결국은 사회에 도움이 되니 바람직한 사회문화가 형성되는 것이다. 남에게 알리기 위해, 또 어디에 이용하기 위해서가 아니라 진정으로 남을 돕고자 하는 자세와 사회적 분위기를 우리 한인들은 본받아야 할 것이다. 앞에서 언급했던 어린 시절 입양된 한국 출신의 청년이 최고의 MIT 대학을 나오기까지 그의 양부모님은 사랑과 정성을 아끼지 않았을 것이다. 그리고 그 부모님들은 아이에게 한국 문화를 알려주기 위해 한인들과 가까이 지내고 생모를 찾는데도 애썼다니 참으로 훌륭한 분들이 아닐 수 없다. 미국에는 장애아동을 입양하는 사람들도 있는데 이들을 보면 아주 존경스럽다.

아이가 학교에 다니면서부터 어머니들은 집에만 있게 되어 너무 지루해 병이 날 지경일 것이다. 또 방문 비자로는 계속 있을 수 없으니 한 번씩 한국도 다녀와야 한다. 어떤 분들은 아예 불법으로 아이를 키울 때까지 있기도 하는데, 한번 불법체류자가 되면 다시는 입국이 되지 않으니 좋은 방법은 아니다. 이럴 때에는 ESL 프로그램에서 I-20를 받아 학생 신분을 유지하여도 좋다. ESL은 보통 등록금이 싸기에 경제적인 부담이 그렇게 크지는 않다. 제일 좋게 시간을 보내는 방법은 앞에서 언급한 커뮤니티 칼리지에서 영어를 배우는 것이다. 수업료가 무척 싸고, 몇 단계로 나누어서 가르치니 어렵지는 않을 것이다. 필자의 학교 인근에 있는 Collin County Community College의 영어회화 수업료는 30시간에 79불이다. 또 미국 교회에서 무료회화를 가르치는 곳들도 많다. 한번은 한 한국 학생 부인이 필자의 소개로 미국 교회에서 영어를 배우게 되었는데, 자기와 같이 배우던 사람이 이사를 가서 혼자 하게 되니 선생님께 미안하여 못하겠다고 필자에게 말한 적이 있었다. 멀리서 자기 한 사람을 위하여 시간과 기름값을 들이면서 오는 분을 생각하니 이해가 되기도 했다. 그러나 필자는 그 부인에게 그 선생님은 당신을 가르치는 기쁨으로 멀리서도 빠짐없이 오는 것이므로 그 분을 위해서라도 열심히 배우라고 하였다.

영어를 잘 못하면서도 할 수 있는 봉사 활동으로는 아이의 학교에서 도서관의 책을 정리해 주거나, 점심시간에 식당에서 set up을 한다든지 등 학교에 자원하면 필요한 손길이 많다. 미국 엄마들도 자원봉사를 많이 한다. 영어가 조금 되면 유치원 같은 곳에 가서 보조 교사로도 일할 수 있는데, 이 경우에는 한국에 돌아와서도 무엇인가 할 수 있는 소일거리를 찾기도 쉽다. 즉, 몬테소리 같은 사설 유치원에서는 무료로 봉사 활동을 해준다면 대환영일 것이고, 또 거기서 어떻게 아이들을 가르치는지 배우게 되면 교사 자격증을 받을 수도 있어 더욱 좋다. 이밖에도 병원 같은 곳에서도 일을 할 수도 있으나 아무나 일을 시키지 않기에 아주 까다로운 편이다. 2005년에 허리케인 카트리나로 인하여 뉴올리언스에서 많은 사람들이 텍사스의 휴스턴과 달라스로 대피를 한 적이 있다. 그 사람들을 도와주기 위하여 달라스 시에 자원 봉사자 신청을 한 사람들의 이야기를 들어 보면, 신청 후

면접과 신원 조회를 하고 간단한 신체검사 등을 하는 데 최소한 일주일이 걸렸다고 했다. 만일 봉사 활동을 신청을 했는데 이와 같이 까다롭다고 인종차별적이라고 생각하면 안된다. 그 사람이 전과자인지, 성범죄자인지, 마약을 하는지, 정신이 건강한지 등을 알아보기 위함인데, 최소한 도와줄 수 있는 사람이 도와주어야지 아무나 도와주고 싶다고 허락해서는 안되기 때문이다.

## Part-Time Job

유학생의 부모로 미국에 와 있다면 아마도 방문 비자로 올 가능성이 높다. ESL 등으로 오면 학생 신분이겠으나, 방문 비자나 학생 비자나 모두 일을 못하게 되어 있다. 일을 하다가 이민국에 적발되면 불법으로 추방된다. 그러나 사실 극소수의 이민국 직원으로는 감당하기 쉽지 않아 한국 사람들의 경우 한인이 경영하는 가게에서 많이 일을 한다고들 한다. 누가 신고를 하지 않는 이상 검거하러 오는 경우는 거의 없다고 보면 된다. 미국에 한인 불법체류자가 너무 많아서 미국 대사관에서 비자를 내줄 때 심사를 철저히 하고 있는 것으로 알고 있다. 우리의 교육 목표는 좋은 시민이 되는 것이어야 한다고 필자는 생각한다. 배운 사람으로서 가능하면 불법으로 무엇이든 하는 것은 좋지 않다고 본다. 특히 불법으로 무엇을 하면 본인의 정신건강에도 좋지 않으니 합법적으로 할 수 있는 일을 찾아보아야 한다. 무엇보다 자기 발전에 도움이 되는 학업이나 취미생활과 관련된 기술을 배우는 것이 바람직할 것이다. 즉, 돈을 받지 않고 하는 일들은 무방하리라 본다.

일을 꼭 하고 싶고 돈을 벌어 보고자 한다면 소액 투자 비자로 비자를 바꾸어 일을 할 수도 있다. E 비자에는 E-1(무역인 비자)과 E-2(소액 투자 비자)가 있는데, CRS(Congressional Research Service) 보고에 의하면(2007년 1월 29일자) 2005년도에는 전체 E 비자가 37,157개 발행되었으며, 그 중 일본인이 14,4121개로 전체의 38.8%를 차지했다고 한다. 지금까지 총누계는 192,823이며, 일본이 72,606으로 37.8%로 제일 많고, 그 다음으로는 한국이 13,090로 전체의 6.9%, 중국이 769개로 0.5%의 순이다. 한국에서는 제법 많이 투자해야 비자가 나온다고 하는데, 미국에서 수속을 하면 100,000~300,000불 정도로 투자하여도 소액 투자 비자인 E-2가 나오기도 하므로 이민 변호사와 상의하여 정확히 알아보도록 한다.

E-2를 가지면 아이가 사립학교에 다니다가 공립학교로 옮기게 될 경우에 상당한 이득을 볼 수도 있다. 특히 아이가 둘이나 셋이면 더욱 크다. 또 사업이 잘되면 큰돈도 벌 수 있으나 사업은 그 반대의 경우도 생각하여야 하니 좋은 상담자와 상의할 필요가 있다. 잘못하면 사기를 당할 수도 있으니 신중히 해야 한다. 필자는 이민 변호사가 아니기에 대략적인 경우만을 설명하였으므로 구체적인 정보는 꼭 해당 전문가와 상담하기를 바란다.

참 고 사 항 !

# 부 록

## 수학은 어렵기만한 과목인가

수학이 어렵다는 이야기를 종종 들어 왔다. 그러나 필자가 보기에는 그렇지 않다. 어릴 때 시작하면 무엇이든 쉽게 잘할 수 있는 것과 같이 수학도 일찍 취미를 붙이고 꾸준히만 하면 쉬운 과목 중 하나이다.

우리 주위에는 한국에서 처음 온 어린 학생들이 영어 때문에 전혀 의사소통이 되지 않다가도 1년 정도만 지나면 오히려 한국말을 잊어버릴 정도로 영어를 아주 잘하게 되는 경우를 많이 볼 수 있다. 이와 유사한 이유 때문에 많은 학생들이 어린 나이에 음악, 미술, 체육 등을 시작하는 것을 볼 수 있다.

졸업 후 직장 선택을 고려할 때 대학에서의 전공 분야는 너무나 중요한데, 수학을 잘하지 못하면 전공 선택의 범위가 극히 제한되는 어려움이 있다. 수학을 잘하기 위해서는 초등학교 때부터 매일 조금씩 산수를 공부하는 습관을 들여야 한다. 그렇게 한다면 특히 이곳 미국에서는 학교 선생님이나 같은 반 친구들로부터 인정을 받아 아주 즐거운 학창 시절을 보낼 수 있을 것이다. 많은 사람들이 수학은 단지 문제만 푸는 것이며 우리의 실생활과는 별로 관련이 없는 것으로 생각을 하는데 사실은 그렇지 않다.

지난해 달라스에서 미술을 전공하는 어떤 분과 대화할 기회가 있었는데, 놀라운 것은 학교 다닐 때 미적분학(calculus)을 좀더 잘했으면 좋았을텐데라는 이야기를 하는 것이었다. 보통 우리가 생각하는 것과는 달리 미술도 수학과 상당히 밀접한 관계가 있고 궁극적으로는 같은 맥락이라는 것을 오랜 경험을 통하여 깨닫게 되었다는 이야기였다. 사실 수학은 단지 문제만을 풀기 위한 것만이 아니라 우리의 실생활에서도 많이 이용되고 있다.

동서고금을 막론하고 모든 부모들은 자기 자녀들이 남보다 더 앞서고 더 좋은 환경에서 살기를 원한다. 필자는 그렇게 되기 위한 제일 쉬운 방법이 공부를 잘하는 것이라 생각한다. 어떤 이들은 "안되면 장사라도 하지."라는 말을 쉽게 하는데, 장사를 잘하는 것도 모든 여건이 좋을 때 가능하기 때문에 더 힘든 일이다. 자녀들의 학업에 가장 큰 영향을 주는 사람은 선생님이 아니라 바로 부모 자신들이다.

자녀들의 학업 성적과 장래는 부모의 영향에 의하여 결정된다고 해도 과언이 아니다. 아이의 학업 성적이 더 좋아지기를 원한다면, 첫째 부모들이 자녀들과 함께 많은 시간을 보내면서 공부하는 분위기를 만들어 주는 것이 중요하다. 둘째, 동료 집단으로부터 받는 사회적 압력(peer pressure)도 중요하다. 주위 환경이 좋지 않으면 이사를 해보는 것도 좋은 생각이다. 우리가 잘 알고 있는 맹모삼천지교는 지금도 적용되는 좋은 교훈 중 하나이다. 머리는 타고 난다는 이야기도 많이 하지만, 사실 가장 중요한 것은 학부모들의 자녀 학업에 대한 열성과 관심 그리고 주위 환경이라 할 수 있다. 우리 아이들의 자신 있는 학교생활과 장래의 발전을 위해 부모가 자녀의 수학 공부에 많은 관심을 가지고 도와주는 것이 필요하다.

그런 의미에서, 이번 4월 17일(토) 오후 1시부터 4~11학년 학생을 대상으로 재미 과학기술자협회에서 주관하는 수학경시대회에 자녀들의 적극적 참여를 격려하고 나아가 학부모들이 많은 관심과 지원을 보내주는 것도 큰 의미가 있을 것이다. 단지 입상만을 목표로 하는 것이 아니라 우리의 자녀들이 준비를 통하여 많이 배우고, 또한 자극을 받아 수학뿐만 아니라 다른 과목에서도 더 발전할 수 있는 계기로 삼기를 바란다.

끝으로 이 경시대회를 위하여 재정적으로 지원하는 Texas Instruments, 삼성전자, UTD 공과대학과 많은 자원 봉사자들에게 감사드린다. 또한 과학기술자협회 북텍사스 지부와 달라스 한인 학교에서 시작하여 2단계에 돌입한 멘토링 프로그램도 더욱 발전하여 우리의 2세들이 더욱 건전하고 사회가 필요로 하는 유익한 인재들이 되기를 기원하는 바이다.

UT Dallas 전기과 이길식 교수

(News Korea의 2004년 3월 27일자 전문 中)

## 부모의 과잉보호

부인은 소위 말하는 공주병 환자이다. 가정에서는 물론 사회생활에서까지 모든 일이 자기가 중심이 되어야 하고, 자기가 하고 싶은 대로 일을 처리하기 때문에 주위 사람들로부터 많은 손가락질과 미움을 받기도 한다.

넉넉하지 않은 가정생활에서도 사고 싶은 보석이나 유행하는 새 옷 등은 빚을 내서라도 사야 하기 때문에 신용카드빚은 매달 겨우 이자만 갚아가고 있는 상태이고, 늘어나는 빚 때문에 가게에서 계산원으로 일하면서도 혹시나 다른 사람이 함부로 자기를 대하지나 않을까 하는 걱정과 자기 환경에 대한 분노와 좌절감으로 매일매일이 고통스러워 병까지 날 지경이다.

남편이 직장에서 결정해야 할 일까지 일일이 간섭을 하는 한편, 집에서는 남편은 물론 아이들까지 엄마의 눈치를 보며 거짓말을 해서라도 비위를 맞춰야 하기 때문에 가정과 자녀를 위한 건강한 가정교육이란 찾기 힘들다.

우리 주위에는 이 같이 공주병 내지 왕자병을 가진 사람을 많이 접할 수 있다. 사람은 누구나 자신에 대한 긍지와 자신감을 가지고 살아야 한다. 그러나 이런 공주병의 경우 자신만이 특별한 재능이나 미모를 가지고 있기 때문에 다른 특별한 대접을 받아야 하며, 모든 사람이 자신을 칭찬하고 떠받들어 주기만을 바란다. 다른 사람의 입장은 아랑곳하지 않기 때문에 주변 사람들 눈에는 거만하고 예의 없는 사람으로 보인다.

핵가족 시대가 됨에 따라 한두 명의 자녀만을 두는 가정이 많아졌다. 부모들은 모든 관심과 애정을 자신의 자녀에게 쏟아 붓고, 자기 아이들만이 가장 예쁘고 착하고 똑똑한 것처럼 생각한다. 성격이야 어떻든 영재교육과 조기교육에만 관심이 있기 때문에 아이가 잘못해도 잘 야단치지 않는다. 이 때문에 아이들은 자신의 성격에 문제가 있다는 것을 느끼지 못한 채 성년이 되고, 그 성격이 굳어져 자기중심적으로 변하여 남에게 양보할 줄도 모르고 예의범절도 모르게 된다.

이로 인해 학교생활이나 사회생활에서도 대인 관계에서 큰 어려움을 겪을 뿐 아니라, 부모의 기대를 만족시킬 수 없게 될 때에는 좌절감과 함께 다른 사람에 대한 분노감과 시기심을 갖게 된다.

자녀에 대한 지나친 애정과 관심은 애정결핍과 마찬가지로 자녀에게 해롭다. 지나치게 아이들을 소중히 여긴 나머지 아이들이 잘못된 행동을 했을 경우에도 꾸짖거나 처벌을 하게 되면 자녀들의 기를 죽이지나 않을까, 반항심을 자극하지는 않을까 염려하여 크게 꾸짖지 못하거나 바로 용서를 해주게 된다. 이러한 지나친 사랑을 베풂으로써 일관성 없는 교육은 물론 아이로 하여금 부모의 마음을 역으로 이용하게 하는 기회를 주기도 한다.

부모의 과잉보호로 자란 아이는 자기중심적이 되어 자기 통제가 불가능해지고, 욕구불만에다 참을성도 약해져 충동적 행동과 무질서한 생활을 할 가능성이 매우 높다. 따라서 자녀를 애지중지하기 보다는 때로는 엄격하게 대하고, 자녀들에게 다른 사람들도 존귀하고 소중하다는 것을 가르쳐야 한다. 또 겸손하고 양보하는 자세를 길러줘야 하며, 자기주장을 내세우기에 앞서 상대방을 배려하는 마음, 남에게 폐를 끼치지 않고 친절하고 질서를 지키는 습관을 키워주어야 한다.

부모로서 가장 중요한 역할의 하나인 자녀교육은 가장 힘이 들면서도 또한 즐거운 일이다. 건강하고 올바른 자녀교육을 위해 알아본 전문가들의 조언은 다음과 같다.

- 공동체 속에서 바르게 살아가는 법을 가르쳐라. 공공장소에서 남을 배려하고 질서를 지키는 것은 가장 기본적인 규칙이다. 필요하다면 아이가 잘못했을 때 다시는 그런 잘못을 하지 않도록 다그치는 부모가 자식을 진정으로 사랑하는 부모이다.
- 사회생활에 필요한 기술을 가르쳐라. 남의 말에 귀를 기울이고 다른 사람을 돕는 데 관심을 갖게 하라. 남을 돕는 것은 자녀 스스로에 대해 좋은 느낌을 갖게 해준다.
- 독립심을 키워주어라. 아이들은 자신이 스스로 깨달았을 때 그것들을 더 잘 기억하게 된다. 아이의 나이와 경험에 적합한 새로운 일을 부모의 지도 아래 스스로 시도할 수 있도록 허용하라.
- 좌절을 극복하도록 도와주어라. 좌절했을 때 느끼는 감정은 잘못된 것이 아니라는 것. 그러나 소리 내어 울거나 물건을 부수는 행동은 느낌을 표현하는 데 좋은 방법이 아니라는 것을 가르쳐라. 대신에 말로 이러한 감정을 표현할 수 있도록 격려하라.
- 무엇보다도 부모 스스로 자녀를 위한 좋은 역할 모델이 되어야 한다. 아이들은 흉내를 내어 가면서 세상을 배워간다. 부모가 좋은 습관이나 매너를 보이면 아이들은 무의식 중에 그것을 모방하게 된다. 하려고 마음먹었던 일은 어렵더라도 이루려고 노력하는 부모를 보고 아이들은 인내를 배우게 된다.

이처럼 부모들은 매일매일 행동이라는 소리 없는 말로 아이들을 교육하고 있다. 좋은 본보기야말로 아이들을 가르치는 가장 강력한 방법이다.

루이지애나 Southern 주립대학 김정순 교수<br>(News Korea의 2004년 2월 7일자 전문 中)

# University of Texas at Dallas 전기공학과 대학원 유치 안내문

## Recruiting Graduate Students at one of the Fastest Growing Graduate Programs in Engineering and Computer Science in the United States of America

The University of Texas at Dallas is strategically located in the center of the Telecom Corridor, home of the nation's $2^{nd}$ largest high-tech US economy. The UTD Department of Electrical Engineering, in the Erik Jonsson School of Engineering and Computer Science, has research areas in communications ; speech and signal processing ; digital systems ; analog circuits ; microelectronics and nano-electronics, optics, optoelectronics ; lightwave devices and systems ; and wireless communications. Because of our strong collaborative programs with Dallas-area microelectronics and telecommunications companies, special emphasis is placed on preparation for research and development positions in these high technology industries, as well as academic positions.

The electrical engineering department's current enrollment including computer engineering, telecommunication, and material science and engineering programs is 806 under-graduate and 511 graduate students with 50+ faculty members. More than 165 graduate students are supported each year through research and teaching assistantships. The Electrical Engineering Department has more enrolled Ph.D students (136) than any department at UTD. The department awarded 113 BS, 107 MS, and 24 Ph.D degrees during the 2005 academic year.

Consider the following :

- Over 800 high-tech firms within a five-mile radius of UTD
- A world-class faculty that includes two Nobel laureates
- Four Nobel laureates at Southwestern Medical School in Dallas which is in the same UT system
- Jonsson School ranks 4th in the United States in combined number of Electrical Engineering and Computer Science(BS, MS, Ph.D) degrees awarded
- $ 300M was granted to expand the research infra-structure for electrical engineering and computer science and interdisciplinary programs over the next five years
- Texas Instruments has recently completed construction of a state of the art $ 3B chip manufacturing facility in UTD's backyard
- New $ 85million, state-of-the-art Natural Science and Engineering Research Building, enhancing both the breadth and quality of engineering education and research is opening this spring 2007

Graduate Assistantships in the Department of Electrical Engineering include a full tuition waiver and a stipend starting at $ 1,950 per month. We are looking for offering the following graduate assistantships beginning the spring 2007 semester :

Teaching Assistantships

Research Assistantships in

- electronic materials and devices, CMOS process & characterization
- fabrication & characterization of nanotubes, nanoimprints, MEMS
- speech signal processing, image processing, signal processing
- biomedical / bioacoustic signal processing and noise cancellation
- analog integrated circuits, integrated circuit design, digital VLSI design and CAD
- bioengineering
- optoelectronics
- plasma processing
- digital system
- communications

If you are interested in learning more about the graduate programs in the Department of Electrical Engineering, please contact :

Prof. Gil Sik Lee (Graduate Committee Chair)
Department of Electrical Engineering
Erik Jonsson School of Engineering & Computer Science
The University of Texas at Dallas
Richardson, Texas 75083
gslee@utdallas.edu

대학 진학에 대한

세미나 슬라이드

## Preparation for College, Medical, Pharmacy and Dental School Admission

Dr. Jung-Soon Kim Lee
Department of Mathematics
Southern University

National Math Competition
KSEA N.Texas Chapter, 4/2/2005

1

## Aspects of College Application

- Academics, i.e. grades (학교성적)
- Standardized tests (SAT/ACT)
- Extracurricular Activities (특별활동)
- Essays (논술)
- Recommendations (추천서)

National Math Competition
KSEA N.Texas Chapter, 4/2/2005

2

## Academics (학교성적)

- Take challenging course load
- Honors, Advanced Placement (AP), International Baccalaureate (IB)
- Courses are weighted, raising student's GPA
  - E.g., A in Biology (AP) is 5.0/4.0 compared to 4.0/4.0 for an A in regular Biology

National Math Competition
KSEA N.Texas Chapter, 4/2/2005

3

## Academics (학교성적)

- Colleges consider whether student has taken the most challenging courseload available.
- If only a few H/AP/IB classes are available, don't worry.
- It is better to take 3 AP's if only 3 available, than to take 3 if 6 are available.

National Math Competition
KSEA N.Texas Chapter, 4/2/2005

4

## Advanced Placement (AP)

- College level courses offered in high school through which student can earn college credit by taking AP test
- Scored from 1 (lowest) to 5 (highest)
- Generally not required, but good scores can help, while bad scores can hurt
- May 2 – 6, 9 – 13, 2005

National Math Competition
KSEA N.Texas Chapter, 4/2/2005

5

## Standardized Tests

- Reasoning Test (SAT I)
- Subject Test (SAT II )
- PSAT

National Math Competition
KSEA N.Texas Chapter, 4/2/2005

6

## SAT Reasoning Test (SAT I)

- New Format for Class of 2006 ($11^{th}$ Grade)
  - Critical Reading
  - Math
  - Writing
- Each scored from 200 - 800
- Offered 7 times per year

National Math Competition
KSEA N.Texas Chapter, 4/2/2005

7

**WRITING** section

- 60 minutes
- Multiple choice questions (grammar and usage, 35 min.) and student written essay ( word choice 25 min.)

**CRITICAL READING** section

- 70 minutes
  (two 25 min. sections and one 20 min. section)
- Reading Comprehension, sentence completions, and paragraph-length critical reading

National Math Competition
KSEA N Texas Chapter, 4/2/2005

8

**MATHEMATICS** section

- 70 minutes
  (two 25 min. sections and one 20 min. section)
- Number and operations; algebra and functions; geometry and measurement; statistics, probability, and data analysis

National Math Competition
KSEA N Texas Chapter, 4/2/2005

9

## PSAT

- Format similar to SAT I
- Generally taken in Junior (and also sometimes sophomore) year
- Score in Junior year determines eligibility for National Merit Scholar
- October

National Math Competition
KSEA N Texas Chapter, 4/2/2005

10

## Subject Test (SAT II)

- Subject specific test
- Tests include: Math, History and Social Studies, Foreign languages (e.g., Korean), Biology, Chemistry, Literature, Physics
- 1 hour long
- Required by some, but not all schools

National Math Competition
KSEA N Texas Chapter, 4/2/2005

11

## Extra Curricular Activities (특별활동)

- Schools like to see well-round, passionate students
- Student should be active in clubs, sports, community service, work
- Demonstrate leadership and commitment, i.e, quality over quantity
- Allows student to stand out from rest of applicants if he/she has some unique skill

National Math Competition
KSEA N Texas Chapter, 4/2/2005

12

## Essays (논술)

- Allow student to personalize application
- Students should not procrastinate on this aspect of the application. It is very important.
- Revise, Revise, Revise!

National Math Competition
KSEA N Texas Chapter, 4/2/2005

13

## Sample Essay Prompts

- What is your greatest achievement?
- Who has influenced you the most?
- Write page 217 of your 300-page autobiography.
- Write a note to your future roommate.

National Math Competition
KSEA N Texas Chapter, 4/2/2005

14

## Recommendations (추천서)

- Generally from teachers whom the student knows well and vice versa
- Student should make effort to maintain good relationship with teachers.

National Math Competition
KSEA N Texas Chapter, 4/2/2005

15

## High School Time Line

- Freshman
- Sophomore
- Junior
- Senior

National Math Competition
KSEA N.Texas Chapter, 4/2/2005

16

## Freshman Year (9 학년)

- Take challenging courses and start planning ahead for classes to take in future
- Select extracurriculars that student plans on committing to for duration of high school
- Develop and apply good study habits
- Begin thinking about colleges to apply to (i.e., make a large list that can be narrowed down later).

National Math Competition
KSEA N.Texas Chapter, 4/2/2005

17

## Freshman Year (9 학년)

- Get to know resources such as guidance counselors who will be very important later.
- Summer: Read books in spare time to develop better reading/writing skills, begin preparing for SAT I/II, and visit potential colleges if possible.

National Math Competition
KSEA N.Texas Chapter, 4/2/2005

18

## Sophomore Year (10 학년)

- Continue excelling in challenging courses and participating in/leading activities.
- Take PSAT as practice (doesn't count until junior year).
- Continue preparing for SAT I/II and take SAT II in June. Ideal time to take SAT II is immediately after he/she has had the course.
- Take AP tests if ready.

National Math Competition
KSEA N.Texas Chapter, 4/2/2005

19

## Sophomore Year (10학년)

- Attend college fairs or talks
- Begin narrowing down list of colleges and seriously researching (e.g., entrance requirements)
- Summer: Be productive: job, extended community service or an academically enriching activity.
- Summer: Visit more colleges

National Math Competition
KSEA N.Texas Chapter, 4/2/2005

20

## Junior Year (11 학년)

- Most important academic year. Continue to do well in H/AP/IB courses.
- Continue to pursue extracurricular interests
- Develop good relationships with teachers as student will ideally be getting recommendations from them

National Math Competition
KSEA N.Texas Chapter, 4/2/2005

21

## Junior Year (11학년)

- Take PSAT for National Merit qualifying
- Take SAT I/II
- Take AP tests
- Narrow college list

National Math Competition
KSEA N.Texas Chapter, 4/2/2005

22

## Junior Year - Summer

- Participate in summer academic program/work/volunteer
- Research colleges via internet, books, or older friends already there.
- Make visits to campuses
- Request applications
- Consider schools that student may apply to early via Early Decision/Action

National Math Competition
KSEA N.Texas Chapter, 4/2/2005

23

## Junior Year - Summer

- Decide whether to retake SAT I/II
- Make detailed calendar of due dates for applications
- Begin working on applications ASAP
- Send test scores to schools

National Math Competition
KSEA N Texas Chapter, 4/2/2005

24

## Senior Year (12학년)

- Home stretch – Keep grades up as they still count toward application (esp. fall semester)
- Retake SAT I/II in fall if necessary
- Apply early to top choice school if applicable
- Complete and submit all applications by deadlines

National Math Competition
KSEA N Texas Chapter, 4/2/2005

25

## Medical School

- Required classwork
- Extracurricular activities
  - research
  - community service
  - clinical experience
  - other
- Letters of recommendation (3)
- MCAT – summer after sophomore year or spring of junior year
- Interview

National Math Competition
KSEA N Texas Chapter, 4/2/2005

26

## Medical School Coursework

- Course requirements vary from school to school, but in general:
  - 1 year - Organic Chemistry (with lab)
  - 1 year - Inorganic Chemistry (with lab)
  - 1 year - Physics (with lab)
  - 1 year - Biology (with lab)
  - 1 year - English
  - 1 year - Math

National Math Competition
KSEA N Texas Chapter, 4/2/2005

27

## MCAT

**Medical College Admissions Test**

- Usually taken 1.5 – 2 years before matriculation
- 4 sections – biological sciences, physical sciences, verbal, writing
- Top score: 45

National Math Competition
KSEA N Texas Chapter, 4/2/2005

28

## Medical School - Timeline

- Undergraduate – 4 years
- Medical school
  - Classes – 2 years
  - Clinical – 2 years
- Residency – 3 – 7 years
- Fellowship (optional) – 1 – 2 years

National Math Competition
KSEA N Texas Chapter, 4/2/2005

29

## Dental School Requirements

- Required classwork
- Extracurricular activities
  - experience in dental setting
  - research
  - community service
- Letters of recommendation
- DAT
- Interview

National Math Competition
KSEA N Texas Chapter, 4/2/2005

30

## Dental School Admissions: Course Requirements

- 1 year - Organic Chemistry
- 1 year - Inorganic Chemistry
- 1 year - Physics
- 1 year - Biology or Zoology
- 1 year - English
- 1 year - Math

National Math Competition
KSEA N Texas Chapter, 4/2/2005

31

## Getting into dental school

- **GPA** – most important
  - Overall
  - Science
- **Dental Admissions Test (DAT)** – 2nd most important
  - The DAT consists of 2 scores: Academic Average and Perceptual Ability. Each section is scored 1-30…30 being the best.
  - Offered year-round, but often taken spring of junior year

National Math Competition
KSEA N Texas Chapter, 4/2/2005

32

## Pharmacy School

- Required classwork
- Extracurricular activities
  - work (pharmacy technician)
  - research
  - community service
  - other
- Letters of recommendation (3)
- PCAT (not required at every school)
- Interview
- Short essay

National Math Competition
KSEA N Texas Chapter, 4/2/2005

33

## Pharmacy: General Coursework

- 1 year - General Chemistry (with lab)
- 1 year - Organic Chemistry (with lab)
- 1 year - Biology (with lab)
- 1 year - English
- 1 year - Math
- 1 course in each of the following:
  - mammalian physiology
  - economics
  - public speaking
  - psychology/sociology/anthropology

National Math Competition
KSEA N Texas Chapter, 4/2/2005

34

## Pharmacy Education: Timeline

- Undergraduate – 4 years
- Pharmacy school
  - Classes: 2.5 years
  - Clinical: 1.5 years
- Optional Residency: 1 – 2 years
- Optional Fellowship: 1 year

National Math Competition
KSEA N Texas Chapter, 4/2/2005

35

## Other Announcements

- Volunteering Opportunity
- Mentoring for Girls

National Math Competition
KSEA N Texas Chapter, 4/2/2005

36

## Mentoring Opportunity For Girls

*Who:* Young girls in middle school and high school (13–18 yr) who wish to connect with professional women in SET fields.

*What:* GEM-SET stands for the Girls' Electronic Mentoring in Science, Engineering and Technology.

*When:* **NOW!**

*Where:* *www.gem-set.org*

*Why:* Because your future depends on it!!

Contact: Dr. Jung Lee (jungsoonklee@yahoo.com)
or Dr. Esther Yang (esther.yang@abbott.com)

National Math Competition
KSEA N Texas Chapter, 4/2/2005

37

## Volunteering Opportunity

- When: Saturdays 10 – noon
- Where: Martin Luther King Jr. Library
  **2922 Martin Luther King Blvd.**
  **Dallas, Texas 75215**
- What : Tutoring K - 12th graders with Math problems
- Contact: Dr. Gil Sik Lee
  **gslee@utdallas.edu or jungsoonklee@yahoo.com**
- Home page:
  www.utdallas.edu/~gslee/IntelliChoice.htm

National Math Competition
KSEA N Texas Chapter, 4/2/2005

38

## Top Ten Reasons to join GEM-SET:

- 10. You'll meet a lot of interesting people.
- 9. You'll have great references for college.
- 8. You'll meet women who are remarkable!
- 7. You'll feel encouraged about yourself!
- 6. You'll know WHY it's important to take Science classes.
- 5. You'll do better in school because you'll be INTERESTED in it.
- 4. You'll learn what you're good at.
- 3. Access to scholarships.
- 2. You'll get questions answered that you didn't know you had.

**AND THE NUMBER ONE REASON TO JOIN GEM-SET IS:**

- 1. You'll have a network of wonderful women who care about you and your future!!

National Math Competition
KSEA N Texas Chapter, 4/2/2005

39

## 저자소개

### 이 길 식

경북대학교 전자공학과를 졸업하고, 지금의 경일대학에서 조교수로 재직하다가 1981년에 미국 유학을 떠났다. 1983년 오스틴에 소재한 텍사스 대학에서 석사학위를 받고, 1987년 노스캐롤라이나 주립대학에서 전기공학과 박사학위를 받았으며, 1987년 루이지애나 주립대학에 조교수로 부임하여 2001년까지 조교수를 거쳐 종신직인 부교수로 근무하였다. 2001년 달라스에 소재한 텍사스 대학으로 옮겨 종신직 정교수로 일을 하고 있다. 현재 전기공학과의 대학원 위원회 의장으로 대학원생 입학과 교과를 맡고 있으며, 장학생 선발위원으로 일하고 있다. 연구 분야는 반도체와 나노테크놀로지이다.

1993~1997년, 재미 과학기술자협회 루이지애나 지부를 창설하였고, 한글학교 교장과 이사장, 배턴루지 한인회 회장을 역임하였다.

1997년, 서울의 미국 대사관이 주최하는 미국 유학 박람회인 “Study USA” 프로그램에 루이지애나 주립대학 대표로 참석하여 유학 홍보를 하였다.

2003~2005년, 달라스에서 북텍사스 재미 과학기술자협회 지부장을 역임하였으며, KSEA 주최 한인학생 수학경시대회를 개최하였다.

2003~2005년, 달라스 지역의 한인신문인 News Korea와 조선일보에 교육에 관한 칼럼을 여러 번 게재하였다.

2006년 3월에는 조선일보가 주최한 “미국 유학 바로 알기”의 강사로 조선일보 대강당에서 유학에 관한 정보를 알리기도 하였다.

2006년 10월에는 부산 영재과학고등학교에서 유학 간담회를 갖고, 서울 한성과학 고등학교에서 미국 대학 입학 설명회를 개최하였다.

이밖에 많은 대학에서 전공 세미나와 유학 세미나를 개최하였으며, 교회에서도 자녀 교육에 대한 세미나를 열기도 하였다.

제일 관심 있는 분야는 우리 모두 잘사는 사회를 만들기 위하여 수입이 낮은 빈곤층 지역에서 수학을 가르치는 일이다. 지난 10여 년간 비영리단체를 운영하고 있으며, 지금은 Dallas의 Martin Luther King Junior Center의 도서관에서 매주 토요일 아침 미국 IRS에서 인정한 비영리 단체인 IntelliChoice라는 이름으로 지역사회에서 봉사하고 있다. 약 50명의 흑인 및 히스패닉 학생들을 대상으로 하고 있으며, 자원 봉사자들은 주로 Texas Instuments, Nortel, Raytheon, Nokia 등의 미국인 엔지니어들과 UT at Dallas 공과대학 학생들로 구성되어 있다.
(www.utdallas.edu/~gslee/IntelliChoice.htm)

## 김 정 순

경북대학교 사범대학 수학과를 졸업하고, 경산여고에서 수학교사로 근무하다가 부군 이길식 교수와 같이 도미하였고, 1987년 노스캐롤라이나 주립대학에서 수학과 석사학위를 받았으며, 1992년 루이지애나 주립대학에서 수학 박사학위를 받았다. 1992년부터 서던 대학에서 현재 종신직 부교수로 근무하고 있다.

1974년, 어린이날을 기념하여 전국 모범청소년 경북 대표로 교육위원회 회장으로부터 표창장을 수상하였으며, 육영수 여사의 초청으로 청와대를 방문하였다(다음 사진 참조).

경북 대학 재학시절 교양과정부 부회장, 학도호국단 여학생 부장 등 학생회 활동을 하며 많은 곳에서 봉사 활동을 하였다.

루이지애나 아시아인 협회의 부회장을 역임하였고, 재미 과학기술자 협회 루이지애나 지부장을 역임하였으며, 루이지애나의 배턴루지 한글학교에서 다년간 외국인을 위한 한글교사로 봉사하였다. 달라스의 한글학교 4개 분교를 총괄하는 교장도 역임하였다.

달라스 지역신문인 News Korea에 교육 칼럼니스트로 활동하였다.

재미 과학기술자협회에서 주관하는 전국 수학경시대회시에 북텍사스 지부에서 학부모를 상대로 대학 입학 가이드에 관한 세미나를 여러 번 진행하였다.

남편 이길식 교수와 같이 저소득층 아이들의 수학 프로그램을 지난 10여 년간 하면서 보다 나은 사회 만들기를 위하여 일하고 있다.

지난 십수년간 교회에서 외국인을 위하여 한국어 설교를 영어로 동시 통역하는 봉사를 하고 있다.

이길식 교수와 김정순 교수 사이에는 2남 1녀가 있으며, 장남은 스탠퍼드 대학을 졸업하고 현재 스탠퍼드 의과대학에 재학 중이다. 차남은 현재 라이스 대학에 재학 중이며, 둘 다 National Merit Scholar이다. 막내딸은 고등학교에 다니고 있다(아래 사진 참조).

미국에서 현직 부부교수가 전하는

# 미국유학이야기

초판발행 | 2007년 10월 25일
2쇄발행 | 2010년 2월 20일

지 은 이 | 이길식 · 김정순
발 생 인 | 이성범
발 행 처 | 문운당
주 소 | 서울특별시 종로구 명륜동 1가 45-3
전 화 | 영업부 (02)762-6010 / 팩스 (02)745-0265
편집부 (02)762-4461 / 팩스 (02)762-8758
홈페이지 | http://www.munundang.co.kr
이 메 일 | munun2@chollian.net

ISBN 978-89-7393-437-9 13980



**값 10,000원**